E DU CONSOMMATEUR AU DÉTAIL

CATALOGUE

DES

NÉGOCIANTS

RECEVANT COMME ESPÈCES

LES

BULLETINS

DU

GUIDE DU CONSOMMATEUR

ALIMENTATION, HABILLEMENT, AMEUBLEMENT, OBJETS DIVERS

ANNONCES ET RENSEIGNEMENTS COMMERCIAUX

(1ʳᵉ Édition)

SIÈGE DE L'ADMINISTRATION

PARIS, 55, RUE DE MAUBEUGE

AOUT 1872

CATALOGUE

DES

NÉGOCIANTS

RECEVANT COMME ESPÈCES

LES

Bulletins du Guide du Consommateur

ALIMENTATION, HABILLEMENT, AMEUBLEMENT, OBJETS DIVERS

ANNONCES ET RENSEIGNEMENTS COMMERCIAUX

(1re Édition)

Siége de l'Administration :

PARIS, 55, RUE DE MAUBEUGE

AOUT 1872

SPÉCIMEN

ADMINISTRATION DU GUIDE DU CONSOMMATEUR

PARIS, 55, RUE DE MAUBEUGE

Conformément à votre adhésion, veuillez recevoir ce Bulletin pour *vingt pour cent sur un achat de un franc*

Le Directeur :

Joubert

Nota : Ce Bulletin est reçu par les Négociants dont la liste se trouve à l'Administration et chez les Libraires

INSTRUCTIONS

L'Administration du *Guide du Consommateur* offre aux personnes ayant à faire des achats au comptant, une liste des Négociants chez lesquels ses Bulletins sont reçus comme espèces, en déduction du prix des marchandises, et dans la proportion indiquée en regard de leurs noms.

Il n'y a rien de changé dans les relations de l'acheteur et du vendeur. L'acheteur fait choix de la marchandise en discute le prix, et, au moment de le solder, paie la somme convenue, partie en espèces, partie en Bulletins.

Exemple : L'achat est de 100 francs; le Négociant auquel vous vous êtes adressé, est indiqué au Catalogue comme acceptant les Bulletins du *Guide du Consommateur* dans une proportion de 10 p. 0/0, vous donnez 90 francs espèces, et un ou plusieurs Bulletins représentant la somme de 10 francs, complément du prix de l'achat.

L'Acheteur doit déchirer à un des angles les bulletins qu'il remet en paiement. Tout Bulletin déchiré n'a plus de valeur.

L'emploi des Bulletins ne peut avoir lieu que chez les négociants figurant au Catalogue publié chaque année, à partir du mois d'août.

On trouve le Catalogue et les Bulletins du *Guide du Consommateur*, à l'Administration, 55, rue de Maubeuge, et chez les libraires, aux prix suivants :

Le Catalogue et 2 bulletins de 0 fr. 50 chacun..	1 fr.	»
100 Bulletins (blancs) de 0 fr. 05 ....do....	0	50
100 — (verts) de 0 fr. 10 ....do....	1	»
100 — (chamois) de 0 fr. 25 ....do....	2	50
100 — (jaunes) de 0 fr. 50 ....do....	5	»
50 — (violets) de 1 fr. ....do....	5	»
25 — (paille) de 2 fr. 50 ....do....	6	25
25 — (roses) de 5 fr. ....do....	12	50
25 — (bleus) de 10 fr...........do....	25	»

De nouvelles maisons se faisant inscrire chaque jour, une liste supplémentaire est tenue à la disposition de toute personne ayant un Catalogue.

L'Administration ne reçoit que les lettres affranchies.

ARRONDISSEMENTS

ET

QUARTIERS DE PARIS

———◆◆◆———

1er Arrt. LOUVRE.
- St.-Germ.-l'Auxer.
- Halles.
- Palais-Royal.
- Place Vendôme.

6e Arrt. LUXEMBOURG.
- Monnaie.
- Odéon.
- N.-D.-des-Champs
- St-Germ.-des-Prés.

2e Arrt. BANQUE.
- Gaillon.
- Vivienne.
- Mail.
- Bonne-Nouvelle.

7e Arrt. PALAIS-BOURBON.
- St Thomas-d'Aquin
- Invalides.
- Ecole Militaire.
- Gros-Caillou.

3e Arrt. TEMPLE.
- Arts-et-Métiers.
- Enfants-Rouges.
- Archives.
- Sainte-Avoie.

8e Arrt. ÉLYSÉE.
- Champs-Élysées.
- Faub. du Roule.
- Madeleine.
- Europe.

4e Arrt. HOTEL-DE-VILLE.
- Saint-Merry.
- Saint-Gervais.
- Arsenal.
- Notre-Dame.

9e Arrt. OPÉRA.
- Saint-Georges.
- Chaussée-d'Antin.
- Fbg Moutmartre.
- Rochechouart.

5e Arrt. PANTHEON.
- Saint-Victor.
- Jardin-des-Plantes
- Val-de-Grâce.
- Sorbonne.

10e Arrt. St-LAURENT.
- St-Vincent-de-Paul
- Porte-Saint-Denis.
- Porte-St-Martin
- Hopital St-Louis.

11e Arrt. POPINCOURT.	Popincourt. Saint-Ambroise. Roquette. Sainte-Marguerite.	16e Arrt. PASSY.	Auteuil. Muette. Porte Dauphine. Bassins.
12e Arrt. REUILLY.	Bel-Air. Picpus. Bercy. Quinze-Vingts.	17e Arrt. BATIGN.-MONC.	Les Ternes. Plaine Monceaux. Batignolles. Epinettes.
13e Arrt. GOBELINS.	Salpêtrière. Gare. Maison-Blanche. Croulebarbe.	18e Arrt. BUTTES-MONTMtre.	Grandes-Carrières. Clignancourt. Goutte-d'Or. La Chapelle.
14e Arrt. OBSERVATOIRE.	Montparnasse. Santé. Petit-Montrouge. Plaisance.	19o Arrt. BUTTES-CHAUMONT.	La Villette. Pont de Flandre. Amérique. Combat.
15e Arrt. VAUGIRARD.	Saint-Lambert. Necker. Grenelle. Favel.	20e Arrt. MÉNILMONTANT	Belleville. Saint-Fargeau. Père Lachaise. Charonne.

CATALOGUE DES NÉGOCIANTS

qui reçoivent comme espèces les Bulletins du

GUIDE DU CONSOMMATEUR

AU DÉTAIL

AMEUBLEMENTS, (Étoffes pour)

1er arr.	Vasseur,	262, r. St.-Honoré.	5 °/°
2e arr.	Aux trois frères,	4 et 6, b. St.-Denis.	»
3e arr.	Aux Enfants d'Édouard,	115, r. du Temple.	»
	A la Nouvelle Héloïse	14, r. Rambuteau.	»
	Galeries St.-Martin,	308, r. St.-Martin.	8 °/°
4e arr.	Au Canal de Suez,	96, r. de Rivoli.	5 °/°
5e arr.	A la Patronne de Paris,	25, b. St.-Michel.	»
6e arr.	Bohin,	56, r. de Rennes.	»
7e arr.	Gathé,	11, r. de l'Université.	»
8e arr.	Fraudet,	99, b. Haussmann.	»
9e arr.	Bouin,	11, r. des Martyrs.	»
	Moreau,	81, r. Lafayette.	»
	Vincent,	18, id.	»
	Ripart,	24, r. du faub. Poissonnière.	8 °/°
10e arr.	Aux Dames Françaises,	84, r. du faub. du Temple.	5 °/°
	Au Paris Nouveau,	170, b. Magenta.	»
11e arr.	Au Lit sans Pareil,	27 et 29, b. Voltaire.	»
	Corbet,	67, b. de Belleville.	»
12e arr.	A la Ville de Rouen,	20, Av. Lacuée.	»

A LA RÉGENCE

15, Boulevard Poissonnière, 15

ROBES ET CONFECTIONS

POUR DAMES

FOURRURES

ET

SOIERIES

Cette Maison accepte les Bulletins du Guide du Consommateur dans la proportion de 10 o/o.

13e arr.	A LA VILLE DE PARIS.	38, et 40 Av. d'Italie.	5 °/₀
14e arr.	AU NOUVEAU PARIS,	76, r. de Vanves.	»
	AU GRAND ST.-MÉDARD.	34, r. de l'Ouest.	»
15e arr.	A ST.-FRANÇOIS,	30, r. Lecourbe.	»
16e arr.	A LA VILLE D'AUTEUIL,	52, r. d'Auteuil.	»
17e arr.	CABLAT,	83, Av. de Clichy.	»
18e arr.	A ST.-BERNARD,	34, r. Doudeauville.	»
19e arr.	AUX MOUSQUETAIRES,	31, r. de Belleville.	»
	A ST.-JEAN-BAPTISTE,	168, id.	»
20e arr.	AU TAPIS-VERT,	36, r. Ménilmontant.	»

APPAREILS DE CHAUFFAGE ET D'ÉCLAIRAGE

1re arr.	SINET,	23, r. N. des Petits-Champs.	5 °/₀
2e arr.	A LA PROVIDENCE,	120, r. d'Aboukir.	»
	BERTON, Pse des Panor.	18, Galeries Montmartre.	»
	PELLETIER,	45, Pass. du Gd-Cerf.	»
3e arr.	CRUCHON et LEBLOND,	31, r. Grenier St.-Lazare.	»
	MONNIOTTE et LASSAUX,	255, r. St.-Martin.	»
	MOTTEAU,	20, r. Rambuteau.	»
4e arr.	SANSONS FRÈRE,	19, r. du Temple.	»
5e arr.	BOULARD,	48, r. des Ecoles.	»
6e arr.	A ST.-PLACIDE,	30, r. St.-Placide.	»
	CHADAL,	57, r. M. le Prince.	»
7e arr.	DUPUIS, JEUNE,	225, r. St.-Dominique.	»
9e arr.	CORREARD,	76, r. Blanche.	»
	CHABRIER,	65, r. de Maubeuge.	»
10e arr.	ROSIER père et fils,	39, b. de Strasbourg.	6 °/₀

11e *arr.*	DARRAS,	13, r. du fb. St.-Antoine.	5 °/₀
	DANGÉ,	65, r. St.-Maur.	»
12e *arr.*	GENEVRAY,	122, r. du fb. St.-Antoine.	»
15e *arr.*	LARGIER,	22, r. du Commerce.	»
17e *arr.*	VICTOR PAGET.	49, Av. des Ternes.	»
18e *arr.*	POIRIE DELCAMBRE,	4, r. Feutrier.	»
19e *arr.*	CARPENTIER et ROY,	29, r. d'Allemagne.	»
	WEISTROFFER,	44, r. de Flandre.	»
20e *arr.*	LEROUX,	114, r. Belleville.	»

ARMURIERS

| 1er *arr.* | LOEVEN, | 69, r. de Rivoli. | 5 °/₀ |
| | TITREVILLE, | 53, r. N.-des-Petits-Champs. | » |

ARTICLES DE CHASSE ET DE PÊCHE

1re *arr.*	MAGNIEN,	2, r. de Bouloi.	5 °/₀
	SINET,	23, r. N.-des-Petits-Champs.	»
	TITREVILLE,	53, id.	»
	WEBER,	174, r. St.-Honoré.	»
2e *arr.*	A LA FONT. GAILLON,	20, r. Gaillon.	»
9o *arr.*	BRILLE,	89, r. Lafayette. Lux.	{10 °/₀
		Ord.	{ 5 °/₀

ARTICLES DE JARDINAGE

| 11e *arr.* | A LA BASTILLE, | 13, r. du faub. St.-Antoine. | 5 °/₀ |

ARTICLES DE MÉNAGE

1er *arr.*	BOUCHERY,	9, r. du Pont-Neuf.	5 °/₀
	LÉCUYER,	138, r. Montmartre.	»
	ODIN,	12, r. de la Ferronnerie.	»
	SINET,	23, r. N.-des-Pet.-Champs.	»

2e arr.	A LA FONTAINE GAILLON,	20, r. Gaillon.	5 °/₀
	A LA PROVIDENCE,	120, r. d'Aboukir.	»
	AUX GALERIES DE FER. Verry fils	19, b. des Italiens.	»
	DUPUIS,	73, r. N.-des-Pet.-Champs.	»
	LÉCUYER,	138, r. Montmartre.	»
	PELLERIN,	45, r. Montorgueil.	»
	GUERRAZ,	21, r. de Grammont.	»
3e arr.	MARTIN et BOYE,	213, r. St-Martin.	»
	MONNIOTTE et LASSAUX,	255, id.	»
	MOTTEAU,	20, r. de Rambuteau.	»
4e arr.	LOISELLIER,	167, r. St-Antoine.	»
	SAMSON frères,	19, r. du Temple.	»
5e arr.	BAZAR DU PANTHÉON,	20, r. Soufflot.	»
	GIRARD,	64, r. Monge.	»
6e arr.	A SAINTE-PLACIDE,	30, r. Ste-Placide.	»
	CHADAL,	57, r. Monsieur-le-Prince.	»
	CHOQUET,	23, r. des Missions.	»
	FOURNEIX,	25, r. Bonaparte.	»
7e arr.	BERGER,	70, r. du Bac.	»
	DUPUIS, jeune,	225, r. St-Dominique.	»
8e arr.	BAUDRY,	9, r. de la F.-d-Mathurins.	»
	CORREARD,	76, r. Blanche.	»
	LACHÈVRE,	5, r. Commartin.	»
9e arr.	BAZAR LAFFITTE,	27, r. Laffitte.	10 °/₀
		37, r. de Provence.	»
		36, r. de Lafayette.	»
	COLLARE,	81, id.	5 °/₀
10e arr.	BAZAR DE LA PORTE ST-MARTIN	2 et 4, b. St-Denis.	5 °/₀
	BÉJOT,	159, r. Saint-Maur.	»
	LEFRANÇOIS,	86, b. Magenta.	»
	ROSET,	148, id.	6 °/₀
11e arr.	A LA BASTILLE,	13, r. du F.-St-Antoine.	5 °/₀
	DAUGÉ,	65, r. Saint-Maur.	»
	GENÈVE,	226, b. Voltaire.	»
	OTTO LIEBNER,	36, id.	»

A L'ANGLE DU BOULEVARD MAGENTA ET DU BOULEVARD DE LA CHAPELLE

AU PARIS NOUVEAU

GRANDS MAGASINS

DE NOUVEAUTÉS

Vêtements confectionnés et sur mesure

RIGAUD & TARON

Cette Maison accepte les Bulletins du Guide du Consommateur dans la proportion de 5 o/o

	Raillard,	1, b. Voltaire.	5 %
	Violette,	2, place Voltaire.	»
12e arr.	A LA VILLE DE SCHELESTADT.	91, r. de Charenton.	»
	Genevray,	122, r. du F.-St-Antoine.	»
	Haustête,	33, r. de la Nativité.	»
15e arr.	Largier,	22, r. du Commerce.	»
17e arr.	Bazar des Ternes,	5, avenue des Ternes.	»
	Delay-Termoz,	28, r. Lévis.	»
18e arr.	Poirié et Delcambre,	4, r. Feutrier.	»
	Roy,	56, avenue de St-Ouen.	»
19e arr.	Brehier,	57, r. de Flandre.	»
	Carpentier et Roy,	29, r. d'Allemagne.	»
	Marchal,	41, b. de la Villette.	»
20e arr.	François,	14, r. de la Mare	»
	Leroux,	114, r. de Belleville.	»

ARTICLES DE VOYAGE

1er arr.	Garnier (malles),	3, r. Saint-Roch.	»
	Magnien id.	2, r. du Bouloi.	»
	Maison SEAL, L. Dujat, suc.	7 et 8, Palais-Royal.	»
	Thomas,	29, r. du Q.-Septembre.	10 %
2e arr.	Aux Galeries de fer,	19, b. des Italiens.	5 %
	Charée,	43, Galerie des Panoramas.	»
	Gelot,	13, r. de la Paix.	»
	Moynat,	3, pl. du Théâtre-Français.	»
	BAZAR VIVIENNE, Charlier.	15, r. Vivienne.	»
3e arr.	Faivre,	159, r. du Temple.	»
5e arr.	Langlois,	62, r. des Écoles.	»
	Renaud,	90, r. de l'Ecole-de-Médecine.	»
6e arr.	Me Dubois,	57, r. de Rennes.	»
7e arr.	Berger,	70, r. du Bac.	»

8ᵉ **arr.** VEBGELOT.   28, r. Tronchet,   5 %

9ᵉ **arr.** BAZAR LAFFITTE,   27, r. Laffitte.   10 %
        BRILLE,   89, r. Lafayette luxe / 10 0|0
                               ordinaire { 5 0|0
        GISCAROT,   58, r. N.-D.-de-Lorette.   5 %

10ᵉ **arr.** BAZAR DE LA PORTE ST-MARTIN   2 et 4, b. St-Denis.   »
        BESNIER,   124, r. Lafayette.   »

11ᵉ **arr.** GENÈVE,   226, b. Voltaire.   »

12ᵉ **arr.** HAUSTÊTE,   33, r. de la Nativité.   »

16° **arr.** RENNEVILLE.   30, Grande-Rue de Passy.   »

19ᵉ **arr.** NICK,   32, r. de Flandre.   »

BACHES HUSSON (dépôt)

13ᵉ **arr.** A LA VILLE DE PARIS,   34 et 40, avenue d'Italie.   5 %

BALANCES ET BASCULES

1ᵉʳ **arr.** ODIN,   12, r. de la Ferronnerie.   5 %

BANDAGISTES

1ᵉʳ **arr.** DRAPIER et fils,   41, r. de Rivoli.   10 %
        MOUCHET,   49, r. J.-J.-Rousseau.   5 %

2ᵉ **arr.** MAYET,   67, r. Montorgueil.   10 %

3ᵉ **arr.** CREUZOT, POULET,   72, b. Sébastopol.   15 %

4ᵉ **arr.** MOPPERT,   51, r. du Temple.   5 %

5ᵉ **arr.** DESCAYRAC,   23, place Maubert.   10 %

6ᵉ **arr.** James,   7, r. de Buci.   5 %

7ᵉ **arr.** LAILLER,   96, r. du Bac.   »

8ᵉ **arr.** CREUZOT, POULET,   332, r. St-Honoré.   15 %

9ᵉ **arr.** MASSUYEZ,   5, r. de Clichy.   6 %

10ᵉ **arr.** CHIRON,   19, b. Magenta.   10 %

MODES.

Mme HERST

8, RUE DROUOT, 8.

ROBES.

Reçoit les Bulletins du Guide du Consommateur dans la
proportion de 12 0/0.

11e arr.	BLANQUART,	134, b. Voltaire.	10 °/o
14e arr.	EYGUIÈRES,	3, r. de Vanves.	5 °/o
15e arr.	DUVAL,	112, r. Lecourbe.	»
16e arr.	MACHET,	66, r. de Passy.	»
17e arr.	NICOD,	7, b. de Clichy.	»
18e arr.	GADRAT,	70, r. de la Chapelle.	»
	LACOUTURE,	29, r. de Clignancourt.	»
19e arr.	ASSALEIX,	101, r. de Flandre.	»
20e arr.	BOURREAU-LATIL,	49, r. Ménilmontant.	10 °/o

BAZARS

5e arr.	BAZAR DU PANTHÉON,	20, r. Soufflot.	5 °/o
9e arr.	BAZAR LAFFITTE,	27, r. Laffitte.	10 °/o
	id.	37, r. de Provence.	»
	id.	36, r. Lafayette.	»
10e arr.	BAZAR MAGENTA,	86, b. Magenta.	5 °/o
	Bazar de la Porte Saint-Martin,	2 et 4, b. Saint-Denis.	»
17e arr.	BAZAR DES TERNES,	Avenue des Ternes.	»

BEURRE, ŒUFS ET FROMAGES

2e arr.	ENTRAYGUES,	10, r. Nve-des-Capucines.	5 °/o
	PAQUOTTE,	163, r. Montmartre.	»
3e arr.	DUFOURMANTELLE,	90, r. de Turenne.	»
	GALMICHE,	78, r. du Temple.	»
	MÉNARD,	29, r. Vieille-du-Temple.	»
4e arr.	DARTOIS,	25, r. des Deux-Ponts.	»
	JANUTIN,	10, r. du Figuier-St-Paul.	»
5e arr.	LESBINY,	15, r. Monge.	»
	PINEL,	18, r. de la Harpe.	»
	SERPETTE,	3, r. des Carmes.	»

A LA VIGOGNE

4, RUE D'ABOUKIR, 4

MAISON CHOLLET

A- TISSERON, S^R

GRANDE FABRIQUE DE CHALES TERNAUX

Reçoit les Bulletins du Guide du Consommateur dans la proportion de 10 0/0

6e arr.	COURCY-LALLEMAND,	4, r. de Buci.	5 °/o
	MARIE MOUCHARD,	70, r. du Four.-St-Germain.	»
7e arr.	DUFOUR,	29, av. Duquesne.	»
	DUISIT,	69, r. du Bac.	»
8e arr.	QUELLIER,	15, r. d'Argenson.	»
9e arr.	GUYON,	21, r. de Maubeuge.	»
	SAUNIER,	47, r. Lafayette.	»
	CHAMPION,	70, r. Lafayette.	»
10e arr.	ALLETON,	40, r. du fg. Poissonnière.	»
	CHAMPION,	88, r. du fg Saint-Martin.	»
	FOURCADE,	55, id.	»
11e arr.	COQUET,	42, r. du fg du Temple.	»
13e arr.	BOURDAIS,	52, av. d'Italie.	»
14e arr.	BENOIST,	111, b. Montparnasse.	»
15e arr.	GAGNANT,	3, r. Lecourbe.	»
17e arr.	CORLET,	78, av. de Clichy.	»
	MASSON,	45, r. des Dames.	»
18e arr.	FICHOT.	14, r. Myrrha.	»
19e arr.	MARTINET,	82. b. de la Villette.	»
	POIRIER,	172, r. d'Allemagne.	»
20e arr.	DELAMARRE,	17, r. Ramponneau.	»
	JOLLY,	50, ch. Ménilmontant.	»

BIJOUTIERS

1er arr.	DAUSSY,	4, r. Pagevin.	5 °/o
	DAUX et Cie.,	63 et 64, Palais-Royal.	»
	JULES JACOB,	16, rue Turbigo.	»
	PLANTEVIGNE,	2, r. des Halles.	»
	WATIER-BOURGEAUX,	231, r. St-Honoré.	10 °/o

Docteur GOURVAT Pharmacien

25, rue Paul-Lelong, 25

Hémorrhoïdes Asthme Bronchites Névralgies Sciatiques	Guérison prompte et efficace par les Traitements du Dr GOURVAT, Pharmacien (*Médailles d'argent et Bronze; deux premières mentions honorables.*)

Envoi de Médicaments contre Remboursement.

Reçoit les Bulletins dans une proportion de 10 o/o.

2e *arr.*	ALBINET et COULON,	4, r. de Choiseul.	5 °/°
	ARON,	35 et 37, pass. du Saumon.	10 °/°
	CHARVIEUX,	66, r. Ste-Anne.	5 °/°
	GENTIL,	73, pass. Choiseul.	»
	MAINFROY,	6, pass. des Panoramas.	»
	MAINFROY,	13, id.	»
3e *arr.*	BERNARD,	70, b. Sébastopol.	»
	BURNIER,	251, r. St-Martin.	8 °/°
	DESLONGCHAMPS,	61, b. Beaumarchais.	5 °/°
	GUIGNARD,	39, b. du Temple.	»
	LERICHE,	5, r. Portefoin.	»
	LÉVY,	29, b. Beaumarchais.	»
	MOLLARD,	12, r. des Vosges.	»
	REGNAULT,	73, r. Vieille-du-Temple,	»
4e *arr.*	Vve BERNARD MAYER.	23, r. Rambuteau.	»
6e *arr.*	AU BIJOU PERDU,	316, Marché St-Germain.	»
	BASQUE,	64, r. du Four-St-Germ.	»
	CAMUS,	12, carrefour de l'Odéon.	»
	COUTEM,	9, r. Racine.	»
	DELABY,	60, r. Saint-Placide.	»
	GRIGNON,	13, r. du Cherche-Midi.	»
7e *arr.*	BLONDEAU,	8, r. du Bac.	»
	BOSSE,	58, r. id.	»
	GAUVIN,	41, r. de Bourgogne.	»
8e *arr.*	GEISSLER,	64, r. de la Chaussée-d'Antin.	»
9e *arr.*	AU MANDARIN,	9 bis, r. Geoffroy-Marie.	10 °/°
	HERVIEU (AU CHINOIS),	47, r. Lafayette.	»
	LECOCONNIER,	18, pass. de l'Opéra.	5 °/°
	WATTIER,	28 et 30, pass. du Hâvre.	10 °/°
10e *arr.*	CRUCIFIX.	97, b. Magenta.	»
	MAYENCE,	61, r. du fg Saint-Martin.	5 °/°
11e *arr.*	CORMEAU,	178, r. Saint-Maur.	»
	GUENNETEAU,	57, r. Oberkampf.	»
	LABLAZIÈRE,	153, r. id.	»

12e arr.	DEVAUX,	64, r. de Charonne.	5 o/o
	GŒURY,	68, r. de Charenton.	»
	LOZE,	229, r. du fg Saint-Antoine.	»
	MÉCRANT ainé et RUH,	181, do	8 o/o
	MÉCRANT jeune.	111, do	5 o/o
13e arr.	PORCHER,	61, route d'Italie.	»
14e arr.	ADOLPHE-PIERRE,	39, r. Boulard.	»
	BASIRE,	8, av. d'Orléans.	»
	DUMONT,	38, r. de l'Ouest.	»
	MAILLAT,	12, r. Mouton-Duvernet.	»
16e arr.	LEROY,	49, r. de Passy.	»
17e arr.	LEGOUPIL fils et Cie,	15, av. de Clichy.	»
	VICTOR PAGET,	49, av. des Ternes.	»
18e arr.	BOULAY,	44, b. de la Chapelle.	»
	BOURRIENNE,	100, b. Rochechouart.	6 o/o
	KAUFRIED et Cie,	106, r. de la Chapelle.	5 o/o
19e arr.	RENABD,	47, r. de Belleville.	»
	SAPIN fils,	45, do	»
20e arr.	MIGNON,	6, r. Jouye-Rouve.	»
	NAIL,	44, r. Ménilmontant.	»

BIJOUX ARTISTIQUES (vrais et imitation)

| 9e arr. | A LA TRINITÉ, | 70, r. de la Chaussée-d'Antin. | 7 o/o |

BIJOUX EN JAIS

| 9e arr. | DELAYE, | 21, r. Drouot. | 5 o/o |

BOIS A BRULER

2e arr.	SIRVAIN,	25, r. Louis-le-Grand.	5 o/o
	VIALARD,	58, r. d'Aboukir.	»
3e arr.	BADUEL,	18, r. des Vertus.	»
4e arr.	MORETARENAL,	31, r. des Blancs-Manteaux.	»
	SALLES,	7, r. Jarente.	»

5ᵉ arr.	CLAVERIE,	13, b. Saint-Germain.	5 °/°
6ᵉ arr.	PEZET,	19, r. du Cherche-Midi.	»
7ᵉ arr.	BESOMBES,	25, r. de Bellechasse.	»
10ᵉ arr.	LACROIX,	41, r. des Ecluses-St-Martin.	»
11ᵉ arr.	VERNIS,	50, r. Sedaine.	»
12ᵉ arr.	GIRBAL,	16, r. de Cotte.	»
	JALBERT,	147, r. de Bercy.	»
	WATRIN,	22, bis r. Crozatier.	»
13ᵉ arr.	CHASTAGNER,	21, r. Vandrezanne.	»
14ᵉ arr.	CHANTIER sᵗ LAMBERT,	79, r. de l'Abbé-Groult.	»
	ESTÉVENON,	131, r. de Vaugirard.	»
15ᵉ arr.	NIEL,	4, pass. Tournus.	»
17ᵉ arr.	DUJOLS,	36, b. de Courcelles.	»
	SÉGUIS,	8, r. Truffault.	»
18ᵉ arr.	CHANTIER MARCADET,	106, r. Marcadet.	»
	Vᵛᵉ DEBOVE-BALNY,	6, r. Clignancourt.	»
19ᵉ arr.	CHANTIER DE LONDRES,	20, quai de la Loire.	»
	CHASSAGNY,	53, r. de Flandre.	»
20ᵉ arr.	BOURGUE,	31, r. Julien-Lacroix.	»
	BOURGUE,	29, r. des Partants.	»
	POULALION,	3, r. de Tlemcem.	
	ROBERT,	106, r. des Amandiers.	»
	THIOLIÈRE,	96, chaussée Ménilmontant.	»

BOIS DES ILES

12ᵉ arr.	AUBOUER,	51, r. de la Roquette	5 °/°

BOITES D'OUTILS

2ᵉ arr.	AUX GALERIE DE FER,	19, b. des Italiens.	5 °/°

BONNETERIE

1er *arr.*	A LA FRATERNITÉ,	6, r. Turbigo.	5 o/o
	A L'ÉTOILE DU MATIN,	26, r. du Pont-Neuf·	»
	AUX MARCHÉ ST-HONORÉ,	326, r. Saint-Houoré.	»
	AU MASQUE DE FER,	25 et 27, r. Coquillière.	»
	BOHIN,	20, r. des Halles.	»
	JULES SAMSON,	75, r. de Rivoli.	»
	LAHAYE,	5 et 7, r. Croix-des-Pts-Champs,	10 o/o
2e *arr.*	DESCROIX,	34 et 36, galerie Vivienne.	5 o/o
	FISCHER,	63, pass. Choiseul.	»
	TOURNADRE,	37, r. Molière.	»
3e *arr.*	AU GD MONTMORENCY,	102, r. du Temple.	»
	AU GRAND TURENNE,	27, b. du Temple.	»
	AUX ENFANTS D'EDOUARD,	115, r. du Temple.	»
	A LA NOUVELLE HÉLOÏSE,	14, r. Rambuteau.	»
	CHIVOREY,	28, r. Michel-le-Comte.	»
	TASSET,	49, r. Vieille-du-Temple.	»
4e *arr.*	A LA MÉNAGÈRE,	2, r. du Temple.	»
5e *arr.*	A LA PATRONNE DE PARIS,	25, b. Saint-Michel.	»
	A ST-VINCENT DE PAUL,	63, r. Monge.	»
	AU CARREFOUR MONGE,	60, b. Saint-Germain.	»
	AUX DEUX PIERROTS,	2, r. du Petit-Pont.	»
	AUX MONTAGNES SUISSES,	2 et 4, r. Monge.	»
	AUX OUVRIERS DE PARIS,	75, r. Mouffetard.	»
	DENEUX,	97, do	»
	LEVAUX,	66, r. Saint-André-des-Arts.	»
	ROCHET,	47, r. du Cardinal Lemoine.	»
6e *arr.*	A LA BATELIERE,	51, r, M. le Prince.	»
	A LA CROIX-ROUGE,	15, r. du Vieux-Colombier.	»
	A LA PLACE GOZLIN,	2 et 4, pl. Gozlin.	»
	A SAINT-GERMAIN-DES-PRÉS,	49, r. Bonaparte.	4 o/o
	BOHIN,	56, r. de Rennes.	5 o/o
	CHOLLET,	29, r. du Vieux-Colombier.	»
	FAURE,	49, r. de Rennes.	»
	JOUY,	63, r. Dauphine.	»
	PHILIPPONNAT,	15, r. Gozlin.	»
	NOURICEL,	84, r. du Cherche-Midi.	»

MAISON LINDEN

MODES

MME DUFOURMANTELLE S^R

BREVETÉ

DE S. A. R. LA PRINCESSE ADALBERT DE BAVIÈRE

INFANTE D'ESPAGNE

BOULEVARD DES ITALIENS, 30

PARIS

Reçoit les Bulletins dans la proportion de 10 o/o.

7e arr.	A St-Victor,	29, r. de Bellechasse.	5 °/°
	Thomas,	15, r. du Bac.	»
8e arr.	Léger,	12, r. Blanche.	»
	Notelle,	25, r. Tronchet.	»
9e arr.	A la Pl. St-Georges,	14, r. N.-D.-de-Lorette.	»
	A la Reine Topaze,	48, r. Lafayette.	»
	AU CARREFOUR LAFAYETTE,	94, do	6 °/°
	Au Mont Jura.	42, do	5 °/°
	Aux Fab. de Lisieux,	6, r. Lamartine.	»
	Aux Menus Plaisirs,	41, r. du fg Poissonnière,	»
	Baffet,	42, r. Cadet.	»
	Bazar Laffite,	37, r. de Provence.	»
	Jamault,	24, r. Drouot.	»
	Jenvrin,	13, r. du fg Montmartre.	»
9e arr.	Jourdain et Brown,	14, r. Halévy.	»
	Massuyez,	5, r. de Clichy.	6 /°
	Moustier,	1, r. Richer.	5 °/°
10e arr.	A l'ami de l'ouvrier,	230, r. du fg St-Denis.	»
	A la Porte St-Denis,	1, do	6 °/°
	A la Renaissance,	91, r. du fg St-Martin.	5 °/°
	Au Paris Nouveau,	170, b. Magenta.	»
	Aux dames françaises,	84, r. du fg du Temple.	»
	Picquemilh,	16, r. de Chabrol.	»
	Royer,	98, r. du Château-d'Eau.	»
	Sauvat,	2 et 4, b. St-Denis.	»
11e arr.	A la Pensée,	77, r. Oberkampf.	»
	AUX GALERIES ST-AMBROISE,	48, do	»
	A la ville d'Angoulême,	53. r. d'Angoulême.	»
	A l'union des Ouvriers,	39, r. Popincourt.	»
	AUX GALERIES POPINCOURT.	81, r. Sedaine.	»
	Baux,	78, r. de la Roquette.	»
	Georget,	20, r. de Charonne.	»
12e arr.	A la main d'or,	131, r. du fg St-Antoine.	»
	A St-Vincent de Paul,	139, do	»
	Au mouton blanc,	11, do	»
	A la ville de Rouen,	20, av. Lacuée.	»
	Aux villes d'Alsace,	60, r. de Charenton.	»

13e *arr.*	A LA PETITE JARDINIÈRE,	146,	av. d'Italie.	5 °/₀
	A LA VILLE DE PARIS,	38 et 40,	d	»
	FREY fils,	156,	d°	»
	DAURAN,	85,	r. Mouffetard.	»
14e *arr.*	A L'Avenir,	60,	r. de Vanves.	»
	AU NOUVEAU PARIS,	76,	d°	»
	AU GD ST-MÉDARD,	34,	r. de l'Ouest.	»
15e *arr.*	AUX FABRIQUES DE GRENELLE.	87,	r. du Commerce.	»
	BAER,	74,	r. des Entrepreneurs.	»
	DUPONT,	62,	r. Blomet.	»
	MOISE sœurs,	108,	r. de Cambronne.	»
16e *arr.*	A. N. D. DE PASSY,	51,	r. de Passy.	»
	LECLAIRT,	41,	d°	»
	TOUTAIN,	18,	d°	»
	A LA VILLE D'AUTEUIL,	52,	r. d'Auteuil.	»
17e *arr.*	A LA VILLE DE LYON,	112,	av. de Clichy.	»
	A ST-EUGÈNE,	1,	d°	»
	A LA VILLE DE LYON,	2,	r. Lacroix.	»
	AU NOUVEAU NÉ,	57,	Gde r. des Batignolles.	»
	MARTORY,	27,	r. Biot.	»
18e *arr.*	A L'ESPÉRANCE,	17,	Gde r. de la Chapelle.	»
	RIVE,	52,	d°	»
	AU NOUVEAU PARIS,	6,	r. Clignancourt.	»
	CARDON,	13,	r. Poulet.	»
19e *arr.*	AU BON MARCHÉ,	149,	r. d'Allemagne.	»
	AU BON MARCHÉ,	114,	b. de la Villette.	»
	AU GRAND ST-LAURENT,	60,	r. de Flandre.	»
	AU PONT DE FLANDRE,	134,	d°	»
	SAUSSIER,	4,	d°	»
	AUX MOUSQUETAIRES,	31,	r. de Belleville.	»
20e *arr.*	A ST-JEAN BAPTISTE,	168,	r. de Belleville.	»
	LAURENT,	38,	d°	»
	AU TAPIS VERT,	36,	r. Ménilmontant.	»
	LAMARTINIE,	82,	d°	»
	JORRE,	21,	r. des Rigoles.	»
	LAUNAY,	37,	r. de Bagnolet.	»
	RECLIN	88,	Chaussée Ménilmont.	»

AU PRINCE EUGÈNE

17, RUE VIVIENNE, 17

PRIX FIXE

VÊTEMENTS CONFECTIONNÉS

pour Hommes et Enfants

Rayon spécial de Hautes Nouveautés

POUR HABILLEMENTS SUR MESURE

ROBES DE CHAMBRE, HABITS DE CHASSE, LIVRÉES.

Reçoit les Bulletins pour 10 o/o.

BOUCHERS

1e *arr.*	BOUCHERIE DES Pts CHAMPS,	31,	r. Nve des Pts Champs.	5 o/o
	DUPONT,	44,	do	»
	TOULLIER,	1,	do	»
	CAREL,	25,	r. Tiquetonne.	»
	LAJARD,	39,	r. de l'Arbre-sec.	»
	BADIER,	6,	r. Oblin.	»
	MALLET,	16,	r. Mondétour.	»

2s *arr.*	BRAILLE,	156,	r. Montmartre.	»
	BALLANDE,	12,	r. Portalès.	»
	ENTRAYGUES,	10,	r. Nve des Capucines.	»
	GERTÉ jeune,	23,	do	»
	GASSELIN,	26,	r. d'Argout.	»
	HIDOUVILLE,	18,	r. Réaumur.	»
	JACOB,	97,	r. St-Sauveur.	»
	LEMASSON,	264,	r. St-Denis.	»

3e *arr.*	ANGOT FAUIRÉ,	39,	r. de Bretagne.	»
	AUMONT,	13,	r. Grenier St-Lazare.	»
	BOUDIN,	36,	r. Meslay.	»
	BOULAND,	17,	r. du Vert-Bois.	»
	BOURGEOIS,	74,	r. des Tournelles.	»
	CHARTIER,	65,	r. N. D. de Nazareth.	»
	LAVIGNE,	355,	r. St-Martin.	»
	LEGRAND,	8,	r. Montgolfier.	»
	LEPRINCE,	6,	r. Vaucanson.	»
	RÉGIPPA,	4,	r. des Fontaines.	»
	SÉBASTIAN,	53,	r. Turbigo.	»

4e *arr.*	BERNARD,	7,	r. des Blancs-Manteaux.	»
	BOULAND,	25,	do	»
	DESPRÈS,	69,	r. Vieille-du-Temple.	»
	FISSIAUX,	38,	r. du Temple.	»
	GOUJON,	122,	do	»
	LAVAUX,	63,	do	»
	GIRARD,	2,	r. de l'Ave Maria.	»
	PARNOT,	1,	r. Tiron.	»
	PITOIS,	10,	r. du Renard.	»

5e *arr*.	BALLANDE	16, r. St-Séverin.	5 %
	BOUCHERIE DES ARÈNES,	33, r. Monge.	»
	HAUTERIVE,	28, d°	»
	LEGRAND-VARANGOT,	38, d°	»
	DUBOST,	63, r. Mouffetard.	»
	LEGRAND,	138, d°	»
	LORIN,	98, d°	»
	DESPICQ,	30, r. Geoffroy St-Hilaire.	»
	FARAGUET,	42, r. de la Mont. Ste Génev.	»
	GUINGAND,	17, r. de la Huchette.	»
	QUÉDEVILLE,	43, r. du fer à Moulin.	»
	THUYER,	9, pl. Maubert.	»
6e *arr*.	CHÉRET,	59, r. M. le Prince.	»
	BAILLE,	3, r. Racine.	»
	PELLIEU,	12, r. Vavin.	»
	TARDIF,	24, r. de Bréa.	»
7e. *arr*.	BOUCHERIE DE L'AVENUE TOUR-VILLE,	21, av. Tourville.	»
	Chrétien,	2, r. St-Dominique.	»
	DUCLOS,	15, r. du Champ de Mars.	»
	FOY,	26, av. de Bretenil.	»
	LESIEUR,	8, r. Malhar.	»
	RAFFARD,	45, r. de Bourgogne.	»
	VAILLANT,	20, r. de Lille.	»
8e *arr*.	GUILBERT,	26, r. Taitbout.	»
	MUSSAULT,	336, r. St-Honoré.	»
	VINCENT,	72 *bis*, r. d'Amsterdam.	»
	MOTTHEAU.	57, r. des Martyrs.	»
9e *arr*.	COQUERET,	71, r. Rochechouart.	»
	GÉRARD,	9 et 10, Marché des Martyrs.	»
	MORIN,	43, r. Fontaine-St-Georges.	»
	PHILIPPE,	5, r. de Douai.	»
	PLOUIN,	36, r. N.-D. de Lorette.	»
	FLEURY,	98, r. des Martyrs.	»
10e *arr*.	CHESNEAU,	7, Marché St-Martin.	»
	LEPRINCE,	6, id.	»
	DECURTINS,	34, r. du Fg-St-Denis	»
	D'HARDIVILLIERS,	65, b. de Strasbourg.	»

	DAUVERGNE,	20, r. de la Fidélité.	5 °/₀
	FAUTRÉ,	2, r. du Fg St-Martin.	»
	GUERNIER,	126, id.	»
	LEGARRERÈS,	254, id.	»
	FEUTRÉ,	152, r. Lafayette.	»
	LÉLY,	139, b. Magenta.	»
	MOUCHET,	12, b. de la Chapelle.	»
	ROUSSEAUX,	91, r. du Fg du Temple.	»
11e arr.	AMBROISE,	21, r. de Montreuil.	»
	CHARPENTIER,	226, b. Voltaire.	»
	DIDIER,	136, r. de la Roquette.	»
	GAGNIÈRE,	130, r. Oberkampf.	»
	HOURDON-MARULIER,	94, r. Oberkampf.	»
	PINCARD,	24, r. Popincourt.	»
	TROULET,	72, r. Sedaine.	»
	VIZARD,	134, r. de Charenton.	»
12e arr.	GUIGNARD,	16, Cours de Vincennes	»
	MAILLARD,	164, r. du faub. St.-Antoine.	»
	PAILLARD,	51, r. Crozatier.	»
13e arr.	COLLET,	180, Av. de Choisy.	»
	DELION,	73, b. de la Gare.	»
	ROUVEL,	143, id.	»
	HOUDY,	65, Av. d'Italie.	»
	ROUMÉGOUX,	42, r. Nationale.	»
	ROUVEL,	95, r. du Chevaleret.	»
14e arr.	BOUCHERIE DE l'OUEST,	82, r. de l'Ouest.	»
	FOLIE,	76, r. de Vanves.	»
	PIGIS,	29, r, Daguerre.	»
	RACINE,	43, r. de Vanves.	»
15e arr.	BELIN,	365, r. de Vaugirard.	»
	CHEVRIÉR,	121, id.	»
	RACINE,	239, id.	»
	JUMELINE,	48, r. Croix-Nivert.	»
	SARAZIN,	27, id.	»
	VAUDRANT,	12, id.	»
	LAGRUE,	103, r. de Sèvres.	»

15e arr.	MACÉ,	95, r. Lecourbe.	5 %
	PAYS,-CHEVALLIER,	35, r. Violet.	»
17e arr.	BIENVENU,	15, Av. de St.-Ouen.	»
	PONTEAU,	35, id.	»
	BERNIER,	74, r. Saussure.	»
	CHATELAIN,	14, r. de la Plaine.	»
	MAMAN,	147, Av. de Clichy.	»
	MARQUIS,	43, Av. des Ternes.	»
	MARTIN,	87, Av. de Clichy.	»
	MONGELARD,	139, r. Cardinet.	»
	ROYER,	60, r. de Lévis.	»
	TRAVERSIER,	10, r. Jouffroy.	»
	VARACHE,	38, r. de Clignancourt.	»
	VIGNERON,	44, r. des Dames.	»
18e arr.	CHARMEAUX,	26, r. de Clignancourt.	»
	CHARPENTIER,	25, r. des Acacias.	»
	CAILLET,	68, Av. de Clichy.	»
	VARACHE,	38, r. de Clignancourt.	»
	DAMBLY,	118, Av. de Clichy.	»
	SALLÉ,	40, id.	»
	DELAGARDE,	42, r. de la Goutte-d'Or.	»
	GAUTIER,	80, Av. de St.-Ouen.	»
	GERBE,	1, r. Martin.	»
	GUILLERMIN,	39, r. Poulet.	»
	DUCLOS,	98, r. Philippe-de-Girard.	»
	LOUETTE,	59, r. Ramey.	»
	RISSE,	10, r. d'Aubervilliers.	»
	LEBEAUX,	2, id.	»
19e arr.	BOUCHERIE D'AUVERGNE,	39, r. de la Chapelle.	»
	BOUCHERIE HIPPOPHAGIQUE,	116, r. d'Allemagne.	»
	DELAIZEMANTS,	45, id.	»
	OZANNE,	92, id.	»
	DAUVERGNE,	19, r. de Flandre.	»
	PIAT,	167, id.	»
	ÉMILE GRAVEL,	78, b. de la Villette.	»
	CHEVALIER,	90, r. de Flandre.	»
	HENNEQUIN-AUBRY,	110, r. de Meaux.	»
	HÉRISSÉ,	2, r. Rébeval.	»
	LEFEBVRE,	4, r. des Poissonnières.	»
	MANCET,	29, r. Rébeval.	»

	PIOCHE,	42, r. Compans.	5 o/
	PRIEUR,	1, r. Mansart.	»
20e arr.	BARY,	108, r. de Belleville.	»
	MOISY,	38, id.	»
	POMPON,	166, id.	»
	DAUVERGNE,	20, r. Ménilmontant.	»
	PHILIPPON,	49, id.	»
	BOULOGNE,	4, r. du Commerce.	»
	HACHE,	29, id.	»
	DENEUVE,	44, r. des Panoyaux.	»
	DESCHAMPS (OBRY),	70, r. de Charonne.	»
	LEMEUX LADEUZE,	67, r. des Amandiers.	»
	MESSAGER,	13, r. de Tlemcen.	»
	PAILLET,	46, r. des Maronites.	»

BOULANGERS

1re arr.	DHEURLE,	28, r. de la Gr. Truanderie.	5 %
	MARTIN,	14, id.	»
	LAMBERT-BERCH,	33, r. du P.-Lion-St.-Sauveur.	»
2e arr.	BERGERET,	122, r. d'Aboukir.	»
	PLESSIS,	56, r. Réaumur.	»
3e arr.	BILLARD,	314, r. St.-Martin.	»
	CHALIGNE,	321, id.	»
	MARCAULT,	169, id.	»
	MULLARD.	77, r. Turbigo,	»
	PERRODET,	43, r. de Turenne.	»
	VINCENT,	40, r. Phélippeaux.	»
4e arr.	BOIS,	17, r. Bourtibourg.	»
	BOIS,	3, r. Mornay.	»
	LELARGE,	20, r. du Pont-Louis-Philippe.	»
	MERLIN,	62, r. Rambuteau.	»
	THOMAS,	2, r. des Nonnains-d'Hyères.	»
5e arr.	FAICOURT et MAINGUET,	7, r. St-Jacques.	»
	HÉBRARD,	126, r. Mouffetard.	»

LAPALLUÉ,	16, r. Mouffetard	5 %
LEPRÊTRE,	28, r. Monge.	»
PAGET,	11, r. de la Huchette.	»
PAGET,	88, r. St-Victor.	»
TRAUERS,	26, r. de la Clé.	»
TRAUERS,	15, r. du Puits-de l'Ermite.	»
6ᵉ *arr*. DAVENNE,	6, r. de Sèvres.	»
7ᵉ *arr*. CHATENET,	30, r. Chevert.	»
GAVANIER,	45, r. Cler.	«
JEANNIN,	8, r. Surcouf.	»
MANIÈLE,	13, av. Duquesne.	»
NOGRET,	19, r. Malar.	»
POIRAT,	76, r. de Grenelᵉ-St-Germain.	»
9ᵉ *arr*. BEAUMONT,	45, r. des Martyrs.	»
JACQUEAU,	10, id.	»
MOUTON,	60, id.	»
BOULANGERIE FRANÇAISE	74, r. Condorcet.	»
BOULANGERIE SUISSE,	144, r. Lafayette.	»
10ᵉ *arr*. COMBES,	127, r. du F.-St-Denis.	»
DUGUET,	16, r. Albouy.	»
BOULANGERIE SUISSE,	144. r. Lafayette.	»
JOLLY,	145, r. du F.-St-Martin.	»
11ᵉ *arr*. BOULAY,	23, r. de Charonne.	»
GIRARD,	237, r. du F.-St-Antoine.	»
SOULLIER,	174, id.	»
TROUSSARD,	27, r. Keller.	»
12ᵉ *arr*. AUTAA,	44, r. Traversière.	»
CLÉMENT,	30, b. Mazas.	»
Vᵉ DELAMOTTE,	1, r. du Rendez-Vous.	»
DOTZLER,	42, id.	»
RICHARD,	73, r. de Charenton.	»
SOULLIER,	174, r. du F.-Saint-Antoine.	»
GIRARD,	237, id.	»
13ᵉ *arr*. CANIAU,	147, avenue d'Italie.	»
GRESSOT,	144, id.	»

3

	Hamon,	4, r. Nationale.	5 °/o
	Pesty,	47, r. Galande.	»
	Pissot,	10, r. Vanderezanne.	»
14e arr.	Bouillant,	77, r. d'Enfer,	»
	Bouillant,	18, r. Mouton-Duvernet.	»
	Bourbon,	1, r. Delambre.	»
	Foin,	74, r. de l'Ouest.	»
	Moreau,	29, r. Brezin.	»
	Sigoulet,	45, r. de Vanves.	»
15e arr.	Guyerry,	35, r. Violet.	»
	Morand,	79, r. Croix-Nivert.	»
	Solar,	29. id.	»
	Onillon,	256, r. de Vaugirard.	»
	Petit,	4, r. Lecourbe.	»
	Sibrié,	110, id.	»
	Laurent,	189, r. de Vaugirard.	»
17e arr.	Campagne,	64, avenue de Saint-Ouen.	»
	Noel,	11, id.	»
18e arr.	Brisset,	3, chaussée Clignancourt.	»
	Charbonnel,	20, avenue de Clichy.	»
	Fabriès,	17, r. Jean-Robert.	»
	Gautheron,	17, r. de Jessaint.	»
	Pasty,	73, r. Myrrha.	»
	Pierron,	40, r. Lepic.	»
	Roger,	20, r. Durantin.	»
19e arr.	Ambrois,	10, b. Ornano.	»
	Balland,	102, r. de Meaux.	»
	Denfer,	3, r. de Flandre.	»
	Massiquet,	42, r. d'Allemagne.	»
	Pion,	89, r. des Poissonniers.	»
20e arr.	Bougleux,	Place de l'Église Ménilmontant	»
	Bougleux,	96, r. de la Mare.	»
	Michot,	35, r. des Partants.	»
	Ruelle,	110, r. de Belleville.	»

GRANDS VINS DE CHAMPAGNE

DE LA MAISON J. BOLLINGER, D'AY

J. DE GILLY

SEUL DÉPOSITAIRE EN FRANCE

39, boulevard Haussmann et rue de la Chaussée-d'Antin, 15

P A R I S

SPÉCIALITÉ DE THÉ ET DE GRANDE FINE CHAMPAGNE

Reçoit les Bulletins pour 10 o/o

4e arr.	MARTIN CORMIER,	1C4, r. St.-Antoine.	5 °/₀
6e arr.	BON,	30, r. de Buci.	»
8e arr.	BAUDRY,	9, r. de la Ferme-des-Mathurins.	»
9e arr.	BAZAR LAFITTE,	27, r. Laffitte.	10 °/₀
	BROSSERIE MODÈLE,	1, r. Lafayette.	»
	CABIAS,	29, r. St.-Georges.	5 °/₀
10e arr.	BAZAR MAGENTA,	86, b. Magenta.	»
	BALOCHE,	97, r. du faub. St.-Denis.	»
	LEGRAND,	48, r. du faub. Poissonnière	»
	BROSSERIE DU HIGH-LIFE,	40, r. d'Enghien.	»
11e arr.	PEITZ,	73, b. Voltaire.	»
	RAILLARD,	1, id.	»
16e arr.	BLINET,	36, r. de Passy.	»
18e arr.	BOUGENAUT,	6, r. de Jessaint.	»
19e arr.	CARPENTIER et ROY,	29, r. d'Allemagne.	»
	POIRIER,	172, id.	»
	FLOOD,	202, b. de la Villette.	»
20e arr.	LIORÉ,	44, r. Ménilmontant.	»

BUREAU DE PLACEMENT

| 6e arr. | Ve GERBER, | 6, r. Dauphine. | 5 °/₀ |

CABARETS ET CAVES A LIQUEURS

| 2e arr. | MARTHON, | 29, r. du Petit-Carreau. | 5 °/₀ |

CAFÉS, THÉS & CHOCOLATS

1er arr.	COTTIN,	28, r. de Rambuteau.	5 °/₀
	DUMONT JEUNE,	2, r. du Hasard.	»
	DUMONT,	39, r. Richelieu.	»
	A LA NÈGRESSE DES HALLES,	27, r. du Pont-Neuf.	»

2e arr.	AUX DEUX CHINOIS,	344, r. St.-Honoré.	5 %
	LEROY,	150, id.	»
	CHÉNAIS,	56, r. St.-Sauveur,	»
	JACQUEMART,	78, r. J.J.-Rousseau.	»
3e arr.	DRILLON,	37, b. Beaumarchais.	»
	GIRARD-HULEAU,	16, r. des Filles-du-Calvaire.	»
	NÉNARD,	29, r. Vieille-du-Temple.	»
4e arr.	d'HARDIVILLÉ,	49, r. St.-Paul.	»
	MESLAND,	18, r. des 2 Ponts.	»
	Moricot,	36, r. St.-Louis en l'Ile.	»
	VALLÉE,	107, b. Beaumarchais.	»
5e arr.	LAURENT CHOLAT,	73, r. Mouffetard.	»
	LORCIN,	105, id.	»
	QUETTIER,	24, r. St.-Séverin.	»
	THOMINET LEMERCIER,	78, r. des Feuillantines.	»
	TRESSY,	342, r. St.-Jacques.	»
6e arr.	DELAITRE,	16, r. du Dragon.	»
	FAURE,	40, r. St.-Placide.	»
	FÉRY,	51, r. du Cherche-Midi.	»
	GRAVELAIS,	57, r. de Varennes.	»
	VIROL,	44, r. d'Assas.	»
7e arr.	BERTRAND,	199, r. St.-Dominique.	»
	BOUVRESSE,	43, r. Cler.	»
	GAUDIN.	41, id.	»
	GALLERANT,	2, r. Perdonnet.	»
	GRAVEL,	58, r. de Sèvres.	»
8e arr.	BÉQUIGNON,	13, r. Tronchet.	»
	DE GILLY, (sp. de thés)	38, b. Haussmann.	»
	DUPREZ,	66, r. Caumartin.	»
	LEGENDRE,	9, r. de la Ferme-des-Mathurins.	»
	SIMÉON,	139, r. du Faub. St.-Honoré.	»
9e arr.	CRUYL,	35, r. Fontaine-St-Georges.	»
	MARTINET,	32, id.	»
	DUFOUR,	82, r. Rochechouart.	»
	PELOUX.	42, id.	»

9e arr.	DELÉAN,	46 bis. r. de Clichy.	5 %
	LEVAILLANT.	74, id	»
	DURAND,	37, r. de Maubeuge.	»
	GUYON,	21, id.	»
	DURAND,	27, r. du Faub. Montmartre.	»
	FÉRET,	9, r. de Douai.	»
	PORCHER,	11, id.	»
	FORETTE,	34, r, Richer.	»
	HEBERT,	93, r. Lafayette.	»
	LABBÉ,	45, r. de Larochefoucauld.	»
	LECLERC,	22, r. de Laval,	»
	LEVAILLANT,	40, r. de Boulogne.	»
	MOUTON,	15, r. de Lamartine.	»
10e arr.	ANCELIN.	4, r. de l'Echiquier.	»
	BOURDILLON,	135, b. Magenta.	»
	BARRIÉTY,	124, id.	»
	HURAND,	73, r. du Faub. Poissonnière.	»
	PERRON,	62, id.	»
	VALENTIN,	18, id.	»
	VANGHELUWE,	91, id.	»
	LEROY,	85, r. du Faub. St.-Martin.	»
	MAINGON,	71, r. du Château d'Eau.	»
	PETIT,	14, r. Bichat.	»
11e arr.	BARDOT,	52, r. du Faub. du Temple.	»
	BIOUD,	21, r. Keller.	»
	BOUGENAUT,	153, r. Oberkampf.	»
	CACHET,	77, id.	»
	CACHET,	15, r. de Charonne.	»
	CHRÉTIEN-KUNTZ,	83, r. Sedaine.	»
	COQUET,	42, r. du Faub. du Temple.	»
	MOUTON,	131, r. Amelot.	»
12e arr.	HOUILLIER,	168, r. de Charonne.	»
	LEGRAND,	56, r. de Charenton.	»
	VÉRRIER,	90, b. Mazas.	»
13e arr.	DELAGE,	12, rue Vandrezanne.	»
	MAUBLANC,	44, rue Galande.	»
	RICHOMME,	39, rue du Fer-à-Moulin.	»

14e arr.	BOUTROY,	3, r. de la Tombe-Issoire.	5 o/o
	BOULOT,	66, id.	»
	COUSTURIER,	19, r. Brézin,	»
	DROUET,	14, ch. du Maine.	»
	GUET,	26, r. Cels.	»
	NOLIN,	78, r. Daguerre.	»
15e arr.	DEZERT,	296, r. de Vaugirard.	»
	FOUCON,	371, id.	»
	GALEMPOIX,	99, r. Cambronne.	»
16e arr.	SOUVRÉ,	91, r. de Passy.	»
17e arr.	AUX COLONIES,	43, r. des Batignolles.	»
	CAILLANT,	73, Av. des Ternes.	»
	LEFEBVRE,	93, id.	»
	SIRE.	93, Av. de Clichy.	»
18e arr.	BOUCHER,	39, r. Poulet.	»
	BROCHART,	19, r. Polonceau.	»
	BUREL,	48, r. des Abbesses.	»
	CHALMEIGNÉ,	36, r. de la Charbonnière.	»
	FERRIÈRES,	65, r. de la Chapelle.	»
	LEBEAUPIN,	48, r. de la Goutte-d'Or.	»
	PICHEGRU,	12, r. Jean-Robert.	»
19e arr.	BROUSSE,	93, r. de Meaux.	»
	GEOFFROY,	14, r. Rébeval.	»
	HAMEL,	7, r. d'Allemagne.	»
20e arr.	DELAMARRE,	17, r. Ramponneau.	»
	IGNARD,	10, r. de Tlemcem.	»
	PICARD,	50, r. des Amandiers.	»

CAOUTCHOUC (objets en)

| 3e arr. | BOHLÉ, | 314, r. St.-Martin. | 5 o/o |

CHALES

| 1er arr. | A LA VESTALE, | 106, r. Montmartre. | 5 o/o |
| | A LA VIGOGNE (Gde fab. des châles Ternaux. | 4, r. d'Aboukir. | 10 o/o |

	Au masque de fer,	25 et 27, r. Coquillière·	5 %
2ᵉ arr.	A la régence,	15, b. Poissonnière.	10 %
	Aux 3 frères,	4 et 6, b. St.-Denis.	5 %
	Poron-Jollois,	23, b. Poissonnière.	»
3ᵉ arr.	A la nouvᵉˡˡᵉ Héloïse	14, r. de Rambuteau	»
	Au Grand Turenne,	27, b. du Temple.	»
	Aux Enfants d'Edouard,	115, r. du Temple.	»
4ᵉ arr.	Au canal de Surz,	96, r. de Rivoli.	»
	Les frères Richard,	4, b. Sébastopol.	»
5ᵉ arr.	A la Balayeuse,	9, r. Mouffetard,	»
	A la patronne de Paris,	25, b. St.-Michel.	»
	Aux 2 Pierrots,	2, r. du Petit-Pont.	»
	Aux Montagnes Suisses,	2 et 4, r. Monge.	»
6ᵉ arr.	A la Place Gozlin,	40 et 42, r. de Buci.	»
	Bohin,	6, r. de Rennes.	»
7ᵉ arr.	Vᵉ Papon et Waller,	79, r. du Bac.	»
9ᵉ arr.	Léger,	12, r. Blanche.	»
	Daudé,	31, r. du Fb. Poissonnière.	»
10ᵉ arr.	A la ville de Strasbourg,	46 et 48, b. de Strasbourg.	»
	Au Paris nouveau,	170, b. Magenta.	»
11ᵉ arr.	Aux galeries Popincourt,	85, r. Sedaine.	»
12ᵉ arr.	Aux villes d'Alsace,	60, r. de Charenton.	»
13ᵉ arr.	A la Ville de Paris,	38, 40, Av. d'Italie.	»
	Frey fils,	156, id.	»
	Au bon goût,	32, r. Monge.	»
14ᵉ arr.	A l'avenir.	70, r. de Vanves.	»
	Au nouveau Paris,	76, id.	»
	Au Grand St-Médard,	34, r. de l'Ouest.	»
15ᵉ arr.	Aux fabriques de Grenelle,	67, r. du Commerce.	»
	Moise sœurs,	108, r. Cambronne.	»

16ᵉ arr.	A LA VILLE D'AUTEUIL,	53, r. d'Auteuil.	5 °/o
17ᵉ arr.	AU NOUVEAU-NÉ,	55, r. de Batignolles.	»
18ᵉ arr.	LUQUET,	34, r. Doudeauville.	8 °/o
19ᵉ arr.	AU GRAND St-LAURENT,	60, r. de Flandre.	5 °/o
20ᵉ arr.	A St-JEAN-BAPTISTE,	168, r. de Belleville.	»
	AUX MOUSQUETAIRES,	31, do	»

CHAPELIERS

1ᵉʳ arr.	AMAND,	70, r. St.-Honoré.	5 °/o
	BECKER, 6 et 8, Gal. d'Orléans. (Palais royal)		10 °/o
	DESFOUX,	7, Pl. des 3 Maries.	5 °/o
	DUPETITBOSQ,	6, r. Montpensier.	10 °/o
	MAUGEZ,	154, r. St.-Honoré.	5 °/o
	PETIT,	32, r. Richelieu.	»
	VADEBOIN,	110, r. St.-Honoré.	»
	MOINNEL,	127, id.	»
2ᵉ arr.	CHALLAUX (passage des Panoramas).	3, G. de la Bourse.	10 °/o
	DESMASURES,	15, r. d'Aboukir.	5 °/o
	JULIEN,	55, r. Montmartre.	»
	MALHERBE,	64, r. J.J. Rousseau.	»
	NOEL,	124, r. St.-Honoré.	»
	LARRIVAZ,	95, r. N.-des-Pts-Champs.	»
3ᵉ arr.	Gde CHAPELLERIE FRANÇAISE,	46, r. Turbigo.	10 °/o
	BEUGNIET,	324, r. St.-Martin.	6 °/o
	AUX 2 AMÉRICAINS,	42, r. Turbigo.	10 °/o
	SOYEZ,	53, Faub. St.-Martin.	6 °/o
	DENIAU (Panamas et chapeaux de paille),	42, r. Turbigo.	10 °/o
	MARIETTE,	12, r. des Francs-Bourgeois.	5 °/o
4ᵉ arr.	BRILLANTIN,	7, boulev. Beaumarchais.	»
	LECOMTE,	1, r. de Rivoli.	»
	MICHON,	40, bis. id.	»
	LÉVÊQUE,	177, r. St.-Antoine	»
	BONNE (Chap. de paille)	96, r. de Rivoli.	»

5e *arr.*	ABBADIE et PEUVRET,	9, r. Mouffetard.	5 º/o
	AU GRAND BON MARCHÉ,	29, r. Monge.	»
	BOULANGÉ,	94, r. Mouffetard.	»
	DESNOYERS,	36, r. Gay. Lussac.	»
	DUVAL,	326, r. St.-Jacques.	»
	HENRY,	60, pl. Maubert.	6 º/o
	MARIETTE,	18, r. du Petit-Pont.	5 º/o
6e *arr.*	Au Chapeau de Cardinal,	49, r. Bonaparte.	»
	DESMASURES,	22, r. St.-André des Arts.	»
	HURPOT,	3, r. Dauphine.	»
	LOQUET,	65, r. de Rennes.	»
	NEVEU,	10, r. de l'anc. Comédie.	»
7e *arr.*	LASSAUX,	68, r. du Bac.	6 º/o
	MAGNIER,	90, id.	5 º/o
8e *arr.*	COUQUOT,	17, pass. du Hâvre.	»
	Mon AMBROIS (Laeger-suc^r),	36, b. Haussmann.	10 º/o
9e *arr.*	BISET,	40, r. Rochechouart.	5 º/o
	CHAPELL^{ie}. DE L'OPÉRA,	2, r. Drouot.	10 º/o
	GOULU,	64, r. Rochechouart.	5 º/o
	LAUREAU,	23, r. du Fb. Montmartre.	»
10e *arr.*	BERNARD,	79, r. du Fb. du Temple.	»
	BONN,	84, b. Magenta.	»
	NUVILLE,	73, id.	»
	NUVILLE,	147, id.	»
	LANTOINE,	141, id.	»
	BROQUET,	98, r. du Fb. St.-Martin.	10 º/o
	BRUNEL,	85, r. Lafayette.	5 º/o
	FÉLIX,	5, b. de Strasbourg.	6 º/o
	OCTAVE Louis,	75, id.	5 º/o
11e *arr.*	ANTIGNIAT,	78, r. de la Roquette.	»
	BARBADE,	3, r. du Fb. St.-Antoine.	»
	FOYÉE,	65, r. d'Angoul. du Temple.	»
12e *arr.*	DUPEUX,	188, r. du Fb. St.-Antoine.	»
	LEDIEU,	73, r. Crozatier.	»

13e *arr.*	AU GAGNE PETIT,	66, Av. d'Italie.	6 °/₀
	BÉROD,	134, Route d'Italie.	»
14e *arr.*	BOISSON,	9, Av. d'Orléans.	5 °/₀
	LECOMTE,	16, r. de la Gaîté.	»
	PERROT,	50, Ch. du Maine.	»
	RESCHOFSKY,	46, Av. d'Orléans.	»
15e *arr.*	HENRY,	41, r. Lecourbe.	»
16e *arr.*	DUHAMEL,	54, r. de Passy.	»
17e *arr.*	FOIGNOT,	99, r. des Dames.	»
	LÉVÊQUE,	28, Av. des Ternes.	»
18e *arr.*	DERAINE,	62, r. de la Chapelle.	»
	HERMANN,	4, Av. de Clichy.	»
	SAPELIER,	140 b. de Clichy.	6 °/₀
19e *arr.*	CHAPELLERIE PARISIEN.,	75, r. de Flandre.	5 °/₀
	HELFGOTT,	210, b. de la Villette.	»
20e *arr.*	BOUCAUT,	20, r. Ménilmontant.	»
	TURELLE,	55, id.	»

CHARBONS DE BOIS

2e *arr.*	SIRVAN,	25, r. Louis-le-Grand.	5 °/₀
	Société du charbon nouveau,	22, b. Poissonnière.	»
	VIALARD,	58, r. d'Aboukir.	»
3e *arr.*	BADUEL,	18, r. des Vertus.	»
	RAULIAC,	35, r. du Vert-Bois.	»
4e *arr.*	MORÉTARENAL,	31, r. des Bl.-Manteaux.	»
	SALLES,	7, r. Jarente.	»
6e *arr.*	PEZET,	19, r. du Cherche-Midi.	»
7e *arr.*	BESOMBES,	25, r. de Bellechasse.	»
10e *arr.*	LACROIX,	41, r. des Écluses St.-Martin.	»
11e *arr.*	VERNIS,	50, r. Sédaine.	

13e *arr*.	CHASTAGNER,	21, r. Vandrezanne.	5 °/₀
14e *arr*.	CHANTIER St-LAMBERT,	79, r. de l'Abbé-Groult.	»
	ESTÈVENON,	131, r. de Vaugirard.	»
15e *arr*.	NIEL,	4, Pass. Tournus.	»
17e *arr*.	DUJOLS,	36, b. de Courcelles.	»
	VALERY,	8, r. Truffaut.	»
18e *arr*.	CHANTIER-MARCADET,	106, r. Marcadet.	»
	Vᶜ DEBOVE-VALMY,	6, r. Clignancourt.	»
19e *arr*.	CHANTIER DE LONDRES,	20, Quai de la Loire.	»
	CHANTIER DE LONDRES,	21, r. d'Allemagne.	»
	CHASSAGNY,	53, r. de Flandre.	»
20e *arr*.	BOURGUE,	29, r. des Partants.	»
	POULALION,	3, r. de Tlemcem.	»
	ROBERT,	106, r. des Amandiers.	»
	TRIOLLIÈRE,	96, Ch. Ménilmontant.	»

CHARBONS DE TERRE

1er *arr*.	JALBERT,	147, r. de Rivoli.	6 °/₀
2e *arr*.	SOCIÉTÉ DU CHARBON NOUVEAU,	22, b. Poissonnière.	»
	SIRVAIN,	25, r. Louis-le-Grand.	»
	VIALARD,	58, r. d'Aboukir.	»
3e *arr*.	BADUEL,	18, r. des Vertus.	»
	RAULIAC,	35, r. du Vert-Bois.	»
4e *arr*.	MORETARENAL,	31, r. des Blancs-Manteaux.	»
	SALLES,	7, r. Jarente.	»
6e *arr*.	PEZET,	19, r. du Cherche-Midi.	»
7e *arr*.	BESOMBES,	25, r. de Bellechasse.	»
10e *arr*.	LACROIX,	41, r. des Ecluses-St-Martin.	»
11e *arr*.	VERNIS,	50, r. Sedaine.	»
12e *arr*.	WATRIN,	22 bis, r. Crozatier.	»

13e arr.	CHASTAGNER,	21, r. Vandrezanne.	5 %
14e arr.	CHANTIER St-LAMBERT,	79, r. de l'Abbé Groult.	»
	ESTÈVENON,	131, r. de Vaugirard.	»
15e arr.	NIEL,	4, Pass. Tournus.	»
17e arr.	DUJOLS,	36, b. de Courcelles.	»
	VALERY,	8, r. Truffaut.	»
18e arr.	CHANTIER MARCADET,	106, r. Marcadet.	»
	Ve DEBOVE-VALMY,	6, r. Clignancourt.	»
19e arr.	CHANTIER DE LONDRES,	20, Quai de la Loire.	»
	CHANTIER DE LONDRES,	21, r. d'Allemagne.	»
	CHASSAGNY,	53, r. de Flandre.	»
	SAILLANT,	71, Quai de Seine.	»
20e arr.	BOURGUE,	31, r. Julien-Lacroix.	»
	POULALION,	3, r. Tlemcem.	»
	ROBERT,	106 bis. r. des Amandiers.	»
	THIOLLIÈRE et BESSON,	96, r. Ménilmontant.	»

CHARCUTIERS

1er arr.	BEAUSIRE,	386, r. St.-Honoré.	5 %
	SEROURGE,	119, id.	»
	THIEBAULT,	71, r. de Rivoli.	»
2e arr.	BARRA,	10, r. Beauregard.	»
	ENTRAYGUES,	10, r. Ne-des-Capucines.	»
3e arr.	CRESTE-RODIL,	62, r. Turbigo.	»
	QUINT,	4, r. de Bretagne.	»
4e arr.	BLOUIN,	30, r. des 2 Ponts.	»
	DEVINOY,	10, id.	»
	CHARTIER,	4, r. de l'Ave-Maria.	»
	CHAPET,	198, r. St.-Antoine.	»
	DUSAUTOY,	60, r. du Temple.	»
	RETOURNÉ,	51, id.	»
	SECACHE,	25, id.	»

5e *arr*.	BÉNARD,	15, r. St.-Jacques.	5 %
	HOULETTE,	3, r. des Feuillantines.	»
	LABROSSE,	29 bis. r. Monge.	»
	MASSIGNON,	11, r. de la Harpe.	»
6e *arr*.	LEROUX,	4, r. de Condé.	»
	LEROUX,	2, r. St.-Sulpice.	»
	THÈVES,	41, r. Mr le Prince.	»
7e *arr*.	LE BEDEL,	41, r. Vanneau.	»
	MAZEL-VAN-DAM,	184, r. de Grenelle.	»
8e *arr*.	BEAUSIRE,	386, r. St.-Honoré.	»
	DELAMARRE,	88, r. du Fb. St.-Honoré.	»
	JOUGAND,	18, id.	»
	DEMANGE,	35, r. d'Amsterdam.	»
	TESSIER,	34, id.	»
	MEUNIER,	33, r. de la chaus. d'Antin.	»
9e *arr*.	GUYARD,	13, r. Neuve-Coquenard.	»
	LANFANT,	4, r. Rochechouart.	»
	LEFEBVRE,	58, id.	»
	MAILLARD,	31, r. de Maubeuge.	»
	MALLARD,	50, r. Condorcet.	»
	VALLET,	58, r. des Martyrs.	»
10e *arr*.	ANGUIS,	142, r. Lafayette.	»
	BONNET,	67, r. du fg Poissonière.	»
	DUMONT,	41, id.	»
	RENAULT,	44, id.	»
	BOUTRY,	35, r. du fg du Temple.	»
	DOUBLET,	94, r. Hauteville.	»
	LACHARME,	44, r. du fg St.-Denis.	»
	SAVARD,	82, id.	»
11e *arr*.	ANDRÉ,	176, r. du fg St.-Antoine.	»
	GUINET,	45, r. de Charonne.	»
	GUINET,	2, r. Keller.	»
	LATOUCHE,	66, r. Sedaine.	»
	LECAE,	57, b. Voltaire.	»
12e *arr*.	FOURTIER,	104, r. de Charenton.	»
	HANNIÈRE,	104, id.	»

12e *arr.*	HERVAUX,	76, r. Traversière.	5 °/o
	ROUSSEAU,	2, r. de Reuilly.	»
13e *arr.*	BEAUMONT.	140, Av. d'Italie.	»
	CHARCUTERIE DE L'AV. D'ITALIE.	141, id.	»
	ROUSSILLE,	7, Pl. d'Italie.	»
14e *arr.*	LEBAS,	32, r. Daguerre.	»
	ROUVILLE-TONDEUR,	108, r. de Constantine.	»
15e *arr.*	DROUARD,	343, r. de Vaugirard.	»
	FALMENTIER,	317, id.	»
	LIGEAUX,	7, r. Lecourbe.	»
17e *arr.*	BIGNET,	4, r. Muller.	»
	HERVILLARD.	127, Av. de Clichy.	»
	SIMONNET,	13, r. Gauthey.	»
	VAUGLIN,	95, Av. de la Mothe-Piquet.	»
18e *arr.*	CHARPENTIER,	18, Av. de Clichy.	»
	DAUMONT,	22, b. de Clichy.	»
	MARTIN,	48, id.	»
	FRENHARD,	16, b. Ornano.	»
	GREDELU,	8, r. des Abbesses.	»
	JARDIN,	70, r. Myrrha.	»
	LETHEL,	67, r. de la Chapelle.	»
	RIVIÈRE,	36, id.	»
19e *arr.*	BOULANGER,	91, r. de Meaux.	»
	LÉGER,	123, r. d'Allemagne.	»
	MAURICE,	210, b. de la Villette.	»
20e *arr.*	AUGER,	18, r. Tlemcem.	»
	BARBIER,	40, r. des Maronites.	»
	CATON,	29, r. des Partants.	»
	DUCHESNE,	132, r. Ménilmontant.	»
	GOURDET.	168. r. de Belleville.	»
	LABRUYÈRE,	50, r. des Couronnes.	»
	ROMTIN,	67, r. des Amandiers.	»

CHAUSSURES

1er arr.	A LA BONNE FOI,	37,	r. St.-Roch.	5 %
	A LA BOTTE ANGLAISE,	12,	r. J.J.-Rousseau.	»
	AUX FABR. FRANÇAISES,	22,	r. du Pont-Neuf.	»
	DESLANDES (bottier),	168,	r. de Rivoli.	»
	DOCKS DE LA CORDONN.,	91,	b. Sébastopol.	»
	DOCKS DE LA CORDONN.,	126,	r. de Rivoli.	»
	FROMENT,	83,	r. St.-Honoré.	»
	SOC. GÉN. DES CUIRS DE BORDEAUX.	150,	r. Montmartre.	»
	TISSIER,	35,	r. de l'Arbre-Sec.	»
2e arr.	A LA BOTTE AMÉRIC.,	52,	r. Montmartre.	»
	AU PETIT CHIEN,	33,	id.	»
	AUX DAMES DE FRANCE,	154,	id.	»
	COMP. AMÉRICAINE,	15,	b. St.-Denis.	»
	DOCKS DE LA CORDONN.,	18,	r. Poissonnière.	»
	FERRÉ-VALENTIN,	19,	r. N.-des-Pts-Champs.	»
	ROCHE,	69,	r. Richelieu.	»
3e arr.	AUX 2 PHÉNIX,	78,	r. du Temple.	»
	AUX VEAUX DE BORDEAUX,	15,	b. St.-Martin.	»
	AU VÉLOCIPÈDE,	79,	b. Sébastopol.	»
	CORDONNERIE BELGE,	90,	id.	»
	JULLIEN,	260,	r. St.-Martin.	»
	MILLOT,	12,	b. Beaumarchais.	»
4e arr.	AU LOUP BOTTÉ,	70,	Quai de l'Hôtel-de-Ville.	»
	PHILIPPE,	59,	r. de l'Hôtel-de-Ville.	»
	DIZAIN,	39,	r. du Roi-de-Sicile.	»
	MESNY,	26,	r. des 2 Ponts.	»
	SAMAIN,	42,	r. de Rivoli.	»
5e arr.	A LA BALAYEUSE,	9,	r. Mouffetard.	»
	BOUTAIRE,	35,	b. St.-Germain.	»
	CARLIER,	61,	r. des Feuillantines.	»
	LALLEMANT,	13,	r. du Mchd St.-Germain.	»
	LEYNIAC,	3,	Pl. Maubert.	»
	MENNESSIER,	61,	b. St.-Michel.	»

6e *arr.*	A L'ANGE GARDIEN,	3, r. du Vieux-Colombier.	5 °/o
	A L'AVE MARIA,	27, r. de Tournon.	»
	CHAMBON,	11, r. M. le Prince.	»
	COUSCHETAIT,	316, Marché St.-Germain.	»
	GOULOUZELLE,	13, r. St.-Dominique.	»
	DOMMERGUE,	27, r. des Missions.	»
	LELIÈVRE,	23, r. de Sèvres.	»
	MOUSSERON et Cie,	32, id.	»
	LOURY,	1, r. Montfaucon.	»
	RUFFIÉ,	44, Cour du Mché St.-Germain.	»
7e *arr.*	CHAMPEL,	49, r. du Bac.	6 °/o
	LELIÈVRE,	23, r. de Sèvres.	5 °/o
	OBSCUR,	**126,** id.	6 °/o
8e *arr.*	A LA GARE DE L'OUEST.	11, r. du Hâvre.	5 °/o
9e *arr.*	A LA VILLE DE TOURS,	57, r. du f. Montmartre.	»
	DOCKS DE LA CORDONN.,	61, id.	»
	GÉRARD-LEMAIRE,	7, r. Rochechouart.	»
	PARAIRE,	19, id.	»
	NEVEU frères,	6, r. Geoffroy-Marie.	»
	PARISOT.	16, r. Baudin.	»
10e *arr.*	AU CHATEAU D'EAU.	2, b. Magenta.	»
	AU FUSIL A AIGUILLE.	53, b. de Strasbourg.	8 °/o
	BIRON.	83, r. du Faub. St-Denis.	5 °/o
	CHARDET,	99, r. du Faub: du Temple.	»
	CORDONNERIE BÉLGE.	21, Pl. du Château d'Eau.	»
	DAGNAC.	1, r. de la Fidélité.	»
	DUPRÉ.	66, r. du Faub. St-Martin.	»
	VALLIÈRE.	70, r. du F. Poissonnière.	»
11e *arr.*	AU GAGNE PETIT,	52, r. du F. du Temple.	»
	BOUTARD,	77, r. Sedaine.	»
	DOKS DE LA CORDONN.,	82, r. Oberkampf.	»
	MAYEUR,	149, r. St-Maur.	»
	MONNIER,	218, r. du Faub. St-Martin.	»
12e *arr.*	COURBOIN,	151, r. de Charenton.	»
	GOUBERT,	80, r. Traversière.	»

13e *arr*.	Drouard,	88, av. d'Italie.	
	Schmiéder,	68, id.	
14e *arr*.	Au Gagné Petit,	8, r. Mouton-Duvernet.	
	Bigot,	10, r. Delambre.	»
	Jauneau,	75, r. de l'Ouest.	»
	Huart,	62, r. de Vanves.	»
	Poux,	37, route d'Orléans.	»
	Tourte,	21, Chaus. du Maine.	»
15e *arr*.	Au chat Botté,	2, r. Croix-Nivert.	»
	Docks de la Cordonn.,	87, r. du Commerce.	»
	Dupont,	62, r. Blomet.	»
16e *arr*.	Boboul,	44, r. de Passy.	»
	Warion,	45, id.	»
17e *arr*.	Costes,	9, r. Le Bon.	»
	Douin,	4, r. Poncelet.	»
	Duprey,	66, r. Legendre.	»
	Escudier,	31, r. Lemercier.	»
	Vernat,	15, av. des Ternes.	»
18e *arr*.	A la Botte Verte,	69, r. de la Chapelle.	6 %
	Ronfaut,	54, id.	5 %
	Au Maréchal Moncey,	62, av. de Clichy.	6 %
	Aux Fab. de Bordeaux,	35, r. Clignancourt.	»
	Bonnet-Delombes,	7, b. Ornano.	»
19e *arr*.	Au Bon Marché,	452, b. de Puebla.	5 %
	Au Bon Marché,	114, b. de la Villette	»
	Lerond,	64, r. de Flandre.	»
	Mureau,	65, r. de Belleville.	»
	Wagner,	14, r. de Meaux,	»
20e *arr*.	Barre,	104, r. Ménilmontant.	»
	Lamartinie,	82, id.	»
	Gérard,	48, ch. Ménilmontant.	»
	Valadier,	59, id.	10 %
	Bonnefoy,	33, r. des Partants.	5 %

CHAUSSURES POUR DAMES ET ENFANTS

1er arr.	AUX DAMES DE FRANCE,	154, r. Montmartre.	5 %
	AUX FABRIQUES FRANÇAISES.	22, r. du Pont-Neuf.	»
	AU VÉLOCIPÈDE,	79, b. Sébastopol.	»
	GIRARD,	37, r. St-Roch.	»
2e arr.	A LA BOTTE AMÉRICAINE,	52, r. Montmartre.	»
	S. GÉN. DES CUIRS DE BORD.	150, id.	»
	COMP. AMÉRICAINE,	15, b. St-Denis.	»
3e arr.	A LA NOUVELLE HÉLOISE,	14, r. de Rambuteau.	»
	AUX DEUX PHÉNIX,	78, r. du Temple.	»
4e arr.	DIZAIN,	39, r. du roi de Sicile.	»
	MESNY,	26, r. des deux Ponts.	»
	SAMAIN,	42, r. de Rivoli.	»
5e arr.	A LA BALAYEUSE,	9, r. Mouffetard.	»
	CARLIER,	61, r. des Feuillantines,	»
	LALLEMANT	13, r. de la Montag. Ste-Gen.	»
	LEYNIAC,	3, Pl. Maubert.	»
	MENNESSIER,	61, b. St-Michel.	»
6e arr.	A L'ANGE GARDIEN,	3, r. du Vieux-Colombier.	»
	A L'ESPÉRANCE,	1, r. Montfaucon.	»
	AU BIJOU PERDU,	316, Marché St-Germain.	»
	CAZES MOUSSERON et Cie	32, r. de Sèvres.	»
	BAUTÉ,	27, r. de Tournon.	»
	DOMMERGUE,	27, r. des Missions.	»
7e arr.	LELIÈVRE,	23, r. de Sèvres.	»
	OBSCUR,	125, id.	»
8e arr.	A LA GARE DE L'OUEST,	11, rue du Hâvre.	»
9e arr.	PAGNEUX,	19, r. de la Tour d'Auvergne.	10 %

10e arr.	Au Chatèau d'eau,	2, b. Magenta.	5 %
	Dagnac,	1, r. de la Fidélité.	»
	Dupré,	66, r. du faub. St-Martin.	»
	Vallière,	70, r. du f. Poissonnière.	»
11e arr.	Boutard,	77, r. Sedaine.	»
	Georget,	1, r. de Charonne.	»
12e arr.	Courboin,	151, r. de Charenton.	»
	Goubert,	80, r. Traversière.	»
14e arr.	Au Gagne petit,	10, r. Mouton-Duvernet.	»
	Bigot,	10, r. Delambre.	»
	Jauneau,	75, r. de l'Ouest.	»
	Huart,	62, r. de Vanves.	»
	Poux,	37, route d'Orléans.	»
	Tourte,	21, chaussée du Maine.	»
16e arr.	Boboul,	44, r. de Passy.	»
17e arr.	Douin,	4, r. Poncelet.	»
18e arr.	Rival,	79, r. de la Chapelle.	»
19e arr.	Lerond,	64, r. de Flandre.	»
	Martin,	64, r. d'Allemagne.	»
	Wagner,	14, r. de Meaux.	»
20e arr.	Valladièr,	39, ch. Ménilmontant.	»

CHEMISES, COLS ET CRAVATES

1er arr.	A la Fraternité,	6, r. Turbigo.	5 %
	Au Marché St-Honoré,	326, r. St-Honoré.	»
	Brousse,	19, b. Sébastopol.	»
	Furterer et Buffet,	42, r. Richelieu.	»
	Lahaye,	5 et 7, r. Croix des P.-Ch.	10 %
2e arr.	A la ville de Mulhouse,	66, r. Montmartre.	5 %
	Descroix	32 et 36, Galerie Vivienne.	»
	Fischer,	63, pass. Choiseul.	»
	Mee Gauthey (Mme Coelln),	8, pass. des Panoramas.	»
	Periquet,	44, r. Turbigo.	»
	Poudra-Riou,	46, r. Neuve-des-P.-Champs.	»
	A la Flamande,	383, r. Saint-Denis.	

3e arr.	Au Gd Montmorency,	102, r. du Temple.	5 o/o
	Chemiserie des Familles,	8, b. Bonne-Nouvelle.	»
	Chemiserie Parisienne	54, r. Rambuteau.	»
	Guipon,	345, r. St-Martin.	10 o/o
4e arr.	A la Ménagère,	2, r. du Temple,	5 o/o
	A Ste-Elisabeth,	2, r. de Rivoli,	»
	Beurey,	14, r. de l'Hôtel-de-Ville,	»
5e arr.	A St-Vincent-de-Paul,	63, r. Monge,	»
	Au Carrefour Monge,	60, b. St-Germain,	»
	Aux Ouvriers de Paris,	75, r. Mouffetard,	»
6e arr.	A la croix Rouge,	11, r. du Vieux-Colombier,	»
	Chollet,	29, id.	»
	A St-Germain des Prés,	49, r. Bonaparte,	»
	Au Camélia,	81, r. de Sèvres,	»
	Brosset,	81, r. de Seine.	»
	Chevalle,	16, r. Dauphine,	»
	Jouy,	63, id.	»
	Faure,	49, r. de Rennes,	»
	Philipponnat,	15, r. Gozlin,	»
7e arr.	Thomas,	15, r. du Bac,	»
8e arr.	Bonnardot,	49, b. Haussmann,	»
	Nottelle,	25, r. Tronchet,	»
9e arr.	A la reine Topaze,	48, r. Lafayette,	»
	Au Carrefour Lafayette,	94, id.	6 o/o
	Au Mont Jura,	42, id.	5 o/o
	Baffet,	42, r. Cadet.	»
	Fontaine,	58, r. de la Chaus. d'Antin.	»
	Jamault,	24, r. Drouot,	»
	Jenvrin frères,	13, r. du Faub. Montmartre.	»
	Massuyez,	5, r. de Clichy.	6 o/o
	Moutier,	41, r. du F. Poissonnière.	5 o/o
	Moutier,	1, r. Richer.	»
10e arr.	A l'ami de l'ouvrier,	230, r. du Faub. St-Denis.	»
	A la porte St-Denis,	1, id.	6 o/o
	A la Ferme St-Lazare,	81, b. Magenta.	8 o/o

	A LA RENAISSANCE,	91, r. du F. St-Martin.	5 °/₀
	AUX DAMES FRANÇAISES,	84, r. du F. du Temple.	»
	MANCHE,	57, b. de Strasbourg.	»
	ROYER,	98, r. du Château d'Eau.	»
11e arr.	A LA VILLE D'AGOULÊME,	53 bis, r. d'Angoulême.	»
	A L'UNION DES OUVRIERS,	39, r. Popincourt.	»
	AUX GALERIES POPINCOURT,	81, r. Sedaine.	»
	AUX GALERIES St-AMBROISE,	48, r. Oberkampf.	»
12e arr.	A LA MAIN D'OR,	131, r. du F. St-Antoine.	»
	AU MOUTON BLANC,	11, id.	»
	OUDARD,	139, id.	»
13e arr.	A LA PETITE JARDINIÈRE,	146, Av. d'Italie.	»
14e arr.	AU BON FERMIER,	43, r. Delambre.	»
15e arr.	BAER,	74, r. des Entrepreneurs.	»
16e arr.	A LA VILLE D'AUTEUIL,	52, r. d'Auteuil.	»
	LECLAIRT,	45, r. de Passy.	»
	TOUTAIN,	35, id.	»
17e arr.	A St-EUGÈNE,	1, Av. de Clichy.	»
	MARX fils aîné,	55, r. des Batignolles.	»
18e arr.	A L'ANGE GARDIEN,	14, r. de la Chapelle.	»
	AU NOUVEAU PARIS,	6, r. Clignancourt.	10 °/₀
19e arr.	AU BON MARCHÉ,	114, b. de la Villette.	5 °/₀
	AU PONT DE FLANDRE,	134, r. de Flandre.	»
	SAUSSIER,	4, id.	»
	PIGEON,	135, r. d'Allemagne.	»
20e arr.	AU TAPIS VERT,	36, r. Ménilmontant.	»
	JORRE,	21, r. des Rigoles.	»
	LAUNAY,	37, r. de Bagnolet.	»

COFFRES-FORTS

1er arr.	DUCHESNE,	1, b. Sébastopol.	5 °/₀

5

2e arr. HAFFNER, 18, b. Montmartre. 5 %

PETITJEAN, 131, b. Sébastopol. {ord. 15 %
{incomb. 10 %

9e arr. HAFFNER, 10 et 12, Passage Jouffroy. 5 %

COMESTIBLES

1er arr. BEAUSSIRE, 386, r. St.-Honoré. 5 %
COTTIN, 28, r. Rambuteau. »
DUMONT, 39, r. Richelieu. »
DUMONT, 2, r. du Hasard. »
ENTRAYGUES, 25, r. du Pont-Neuf. »
MAISON DES 2 CHINOIS, 344, r. St.-Honoré. »
PETITJEAN, 3, r. Pierre Lescot. »
SUBIRON (halles cent.), 101, Pavillon aux Poissons. »
TIÉBAULT, 71, r. de Rivoli. »

2e arr. BARRA, 10, r. Beauregard. »
BORDOT, 34, r. du Caire. »
DRAGHI, 42, r. Réaumur. »
ENTRAYGUES, 34, r. Montmartre. »
ENTRAYGUES, 10, r. N.-des-Capucines. »
MINIMI, 4, Av. Napoléon. »
PAQUOTTE, 163, r. Montmartre. »
RENAULT, 44, r. Poissonnière. »

3e arr. A L'OLIVIER DE PROVENCE, 62, r. Turbigo. »
BOURDIN, 47, r. des Francs-Bourgeois. »
GIRARD-HULEAU, 16, r. des-Filles.-du-Calvaire. »
MÉNARD, 29, r. Vieille-du-Temple. »

4e arr. BLOUIN, 30, r. des 2 Ponts. »
MESLAND, 16, id. »
D'HARDIVILLÉ, 49, r. St.-Paul. »
MORICOT, 36, r. St.-Louis en l'Ile. »
VALLÉE, 107, b. Beaumarchais. »

5e *arr.*	Lesbiny,	15, r. Monge.	5 %
	Lorcin,	105 r. Mouffetard.	»
	Houlette,	3, r. des Feuillantines.	»
	Thominet-Lemercier,	78, id.	»
	Massignon,	11, r. de la Harpe.	»
6e *arr.*	Delaitre,	16, r. du Dragon.	»
	Gravelais,	57, r. de Varennes.	»
7e *arr.*	Gallerand,	2, r. Perdonnet.	»
	Gravel,	48, r. de Sèvres.	»
	Le Bedel,	41, r. Vanneau.	»
8e *arr.*	Barraud,	35, r. d'Amsterdam.	»
	Tessier,	34, id.	»
	Béquignon,	13, r. Tronchet.	»
	Breton,	124, r. du Fg. St.-Honoré.	»
	Meunier,	33, r. de la chaussée-d'Antin.	»
9e *arr.*	Champion,	70, r. Lafayette.	»
	Guyard,	34, r. Neuve-Coquenard.	»
	Guyon,	21, r. de Maubeuge.	»
	Maillard,	31, id.	»
	Lanfant,	4, r. Rochechouart.	»
	Lefevre,	58, id.	à
	Varnoux,	13, id.	»
	Levaillant,	40, r. de Boulogne.	»
	Levaillant,	74, r. de Clichy.	»
	Porcher,	11, r. de Douai.	»
	Turin,	63, r. du Fg. Poissónnière.	»
10e *arr.*	Barriéty,	124, b. Magenta.	»
	Bourdillon,	135, id.	»
	Champion,	88, r. du Fg. St.-Martin.	»
	Fourcade,	55, id.	»
	Dumont,	41, r. du Fg. Poissonnière.	»
	Valentin,	18, id.	»
11e *arr.*	André,	176, r. du Fg. St.-Antoine.	»
	Bioud,	21, r. Keller.	»
	Bougenaut,	153, r. Oberkampf.	»
	Cachet,	77, id.	»
	Cachet,	15, r. de Charonne.	»
	Latouche,	66, r. Sédaine.	»

12e *arr.*	HERVAUX,	76, r. Traversière.	5 %
	HOUILLIEZ,	168, r. de Charenton.	»
13e *arr.*	BEAUMONT,	140, Av. d'Italie.	»
	MAUBLANC,	44, r. Galande.	»
14e *arr.*	COUSTURIER,	19, r. Brézin.	»
	LASSON,	27, r. Mouton-Duvernet.	»
	VALLOT,	100, r. de l'Ouest.	»
15e *arr.*	DÉZERT,	296, r. de Vaugirard.	»
	FOUCON,	371, id.	»
	GAGNANT,	3, r. Lecourbe.	»
	SEIGNIER,	91, id.	»
	GALEMPOIX,	99, r. Cambronne.	»
16e *arr.*	SOUVRÉ,	91, G.-r. de Passy.	»
17e *arr.*	DUPUIS,	25, r. des Dames.	»
	QUÉDEVILLE,	50, Av. de St.-Ouen.	»
18e *arr.*	DAUMONT,	22, b. de Clichy.	»
	CHARPENTIER,	18, Av. de Clichy.	»
	MORLET,	19, r. Durantin.	»
	VAURABOURG,	64, r. Clignancourt.	»
19e *arr.*	BROUSSE,	93, r. de Meaux.	»
	POIRIER,	172, r. d'Allemagne.	»
20e *arr.*	IGNARD,	10, r. Tlemcem.	»

COMPTOIRS POUR MARCHANDS DE VINS

| 11e *arr.* | LAURENT, | 51, r. de la Roquette. | 5 % |

CONFECTIONS POUR DAMES ET ENFANTS

1er *arr.*	AUX ÉLÉGANTES,	7, r. du Pont-Neuf.	5 %
	AU MASQUE DE FER,	25 et 27, r. Coquillière.	»
	Mme BLONDEAU,	36, r. Cr.-des-Pt-Champs.	»
	Mme HAUTIN,	101, r. N.-des-Pts-Champs.	6 %

2ᵉ *arr.*	A LA PLACE VENDOME,	1, Pl. Vendôme..	5 °/₀
	A LA RÉGENCE,	15, b. Poissonnière.	10 °/₀
	PORON-JOLLOIS,	23, id.	5 °/₀
	A LA SCABIEUSE,	10, r. de la Paix.	n
	Mᵐᵉ CARTHELLIER,	33, r. Montorgueil.	»
	COURSAULT,	5, r. de Chabannais.	»
	Mᵐᵉ COURTOIS,	7, r. de Louvois.	»
3ᵉ *arr.*	A LA NOUVELLE HÉLOISE,	14, r. de Rambuteau.	»
	AUX ENFANTS D'EDOUARD,	115, r. du Temple.	»
4ᵉ *arr.*	AU COIN DE LA RUE PERNELLE,	4, b. Sébastopol.	»
	LAURENCE-HARDY,	17, r. de Rivoli.	»
	Mᵐᵉ TURPAULT,	6, r. St.-Antoine.	»
5ᵉ *arr.*	AU GRAND DÉPOT DE ROUBAIX,	41, b. St.-Michel.	»
	A LA BALAYEUSE,	9, r. Mouffetard.	»
	DENEUX,	97, id.	»
	A la PATRONNE DE PARIS,	25, b. St.-Michel.	»
	AUX MONTAGNES SUISSES,	2 et 4 r. Monge.	»
6ᵉ *arr.*	A LA PLACE GOZLIN,	40 et 12, r. de Buci.	»
	A l'ELÉGANTE,	13, r. Racine.	»
	NOURRICEL,	84, r. du Cherche-Midi.	»
8ᵉ *arr.*	Mᵐᵉ MONNET,	126, b. Haussmann.	{Lux 10 °/₀ {Ord. 5 °/₀
	LÉGER,	12, r. Blanche.	»
9ᵉ *arr.*	Mᵐᵉ HERST,	8, r. Drouot.	12 °/₀
	A St.-EUGÈNE,	31, r. du Faub. Poissonn.	5 °/₀
10ᵉ *arr.*	AUX DAMES FRANÇAISES,	84, r. du Faub. du Temple.	»
	AU DÉPÔT CENTRAL,	103, b. Magenta.	»
	AU PARIS NOUVEAU,	170, id.	»
	AUX TROIS FRÈRES,	2 et 4, b. St.-Denis.	»
11ᵉ *arr.*	Mᵐᵉ ALIX,	17, r. Oberkampf.	»
	AUX GALERIES POPINCOURT,	85, r. Sedaine.	»
12ᵉ *arr.*	LECOMTE,	244, r. de Charenton.	»

13e *arr.*	A LA VILLE DÉ PARIS,	38 et 40, Av. d'Italie.	5 %
	DAURAND,	85, r. Mouffetard.	»
14e *arr.*	AU GRAND St.-MÉDARD,	34, r. de l'Ouest.	»
	GAUDRON,	62, id.	»
15e *arr.*	DUPONT,	62, r. Blomet.	»
16e *arr.*	A LA VILLE D'AUTEUIL,	52, r. d'Auteuil.	»
17e *arr.*	AUX TROIS SŒURS,	75, Av. des Ternes.	»
18e *arr.*	LUQUET,	34, r. Doudeauville.	8 %
	RIVE,	52, r. de la Chapelle.	5 %
	WEINSTOCK,	32, r. Myrrha.	»
19e *arr.*	AU BON MARCHÉ,	66, r. de Flandre.	»
	AU BON MARCHÉ,	452, b. de Puébla.	»
	AU GRAND St.-LAURENT,	60, r. de Flandre.	»
	AUX MOUSQUETAIRES,	31, r. de Paris.	»
20e *arr.*	A St.-Jean-Baptiste,	168, r. de Belleville.	»
	AU TAPIS VERT,	36, r. Ménilmontant.	»
	RICART,	89, r. de Belleville.	»
	Mme RONGERY,	76, r. des Amandiers.	»

CONFISEURS

1er *arr.*	COTTIN,	28, r. de Rambuteau.	5 %
2e *arr.*	ENTRAYGUES,	10, r. Nve. des Capucines.	»
	VALLERAND,	17, r. Croix des Pts-Champs.	»
4e *arr.*	D'HARDIVILLÉ,	49, r. St.-Paul.	»
5e *arr.*	LAURENT-CHOLLAT,	73, r. Mouffetard.	»
8e *arr.*	BÉQUIGNON,	13, r. Tronchet.	»
	DUPREZ,	66, r. Caumartin.	»
9e *arr.*	DELÉAN,	46 bis, r. de Clichy.	»
	DURAND,	37, r. de Maubeuge.	»
	DURAND,	27, r. du Fb. Montmartre.	»
	FORETTE,	84, r. Richer.	»

10e *arr*.	Bourdillon,	135, b. Magenta.	5 %
	Hurand,	73, r. du Fb. Poissonnière.	»
11e *arr*.	Bardot,	52, r. du fg du Temple.	»
	Pillaud,	155, r. Amelot.	»
13e *arr*.	Delage,	12, r. Vandrezanne.	»
14e *arr*.	Lasson,	27, r. Mouton-Duvernet.	»
17e *arr*.	Aux Colonies,	43, r. des Batignolles.	»
	Sire,	43, av. de Clichy.	»

CONSERVES DE FRUITS

1er *arr*.	A la Fontaine-Molière,	39, r. Richelieu.	5 %
	Magasin des 2 Chinois,	344, r. Saint-Honoré.	»
	Petitjean,	3, r. Pierre-Lescot.	6 %
2e *arr*.	Estraygues,	10, r. Nᵉ-des-Capucines.	5 %
7e *arr*.	Chantrier,	47, r. de l'Université.	»
8e *arr*.	A la Ville du Havre,	35, r. Tronchet.	»

CORSETS, JUPONS & CRINOLINES

1er *arr*.	A la Vestale,	106, r. Montmartre.	5 %
	Fleuriot,	39, r. N.-des-Petᵗˢ-Champs.	»
	Mᵒⁿ Simon (Mᵉˢ Raffet et Fontanille.)	181 et 183, r. St-Honoré.	10 %
2e *arr*.	Mᵐᵉ Carthellier,	33, r. Montorgueil.	5 %
	Coucy,	260, r. du fg St-Honoré.	»
	Durat,	52, r. Montmartre.	»
	Langlois,	15, r. Gaillon.	»
3e *arr*.	Au Gd Montmorency,	102, r. du Temple.	»
5e *arr*.	Au Luxembourg,	22, r. Soufflot.	10 %
	Deneux,	97, r. Mouffetard.	5 %
	Aux Montagnes Suisses,	2 et 4, r. Monge.	»

6e arr.	A LA PLACE GOZLIN,	40 et 42, r. de Buci.	5 %
	A ST-GERMAIN-DES-PRÉS,	49, r. Bonaparte.	4%
7e arr.	A LA REINE DE NAVARRE,	73, r. du Bac.	6 %
	LEROY,	168, r. St-Dominique.	5 %
8e arr.	COUCY,	260, r. du faub. St-Honoré.	»
9e arr.	ADAM,	23, r. du Faub.-Poissonnière { Ord.	»
		{ Luxe 10 %
	A LA VILLE DE LONDRES,	12, r. de la Ch.-d'Antin.	5 %
	CHARLIER,	107, r. Lafayette ...{ Ord.	»
		{ Luxe. 10 %
	Mme HERST,	8, r. Drouot.	12 %
	ROULENT,	66, r. du f. Montmartre.	5 %
	Mme VINCENT,	67, r. Lafayette.	6 %
10e arr.	AU PARIS NOUVEAU	170, bt Magenta.	5 %
	Mme CHOPIN,	113, id.	»
11e arr.	A LA PENSÉE,	77, r. Oberkampf.	»
	Mme LENFANT,	69, id.	»
12e arr.	AUX VILLES D'ALSACE,	60, r. de Charenton.	»
13e arr.	DAURANT,	85, r. Mouffetard.	»
	A LA VILLE DE PARIS,	38 et 40, avenue d'Italie.	»
14e arr.	AU GRAND ST-MÉDARD,	34, r. de l'Ouest.	»
	AU NOUVEAU PARIS,	76, r. de Vanves.	»
15e arr.	AUX FABRIQUES DE GRENELLE,	87, r. du Commerce.	»
	COURTOIS,	37, r. Lecourbe.	»
	DUPONT,	62, r. Blomet.	»
16e arr.	A LA VILLE D'AUTEUIL,	52, r. d'Auteuil.	»
17e arr.	AU NOUVEAU-MONDE,	55, r. des Batignolles.	»
	AUX TROIS SŒURS,	75, av. des Ternes.	»
	A ST-EUGÈNE,	1, av. de Clichy.	»
18e arr.	PAILLARD,	47, r. de Clignancourt.	»

19e arr.	AU BON MARCHÉ,	149, r. d'Allemagne.	5 %
	A LA BONNE FERMIÈRE,	259, r. de Belleville.	»
	AU BON MARCHÉ,	66, r. de Flandre.	»
20e arr.	LAUNAY,	37, r. de Bagnolet.	»
	AU TAPIS VERT,	36, r. Ménilmontant.	»
	JAURRE,	21, r. des Rigoles.	»

COULEURS & VERNIS

2e arr.	LOURDELET,	55, r. Richelieu.	5 %
3e arr.	GORNIOT,	62, r. Beaubourg.	»
5e arr.	GENISSON,	44, r. Galande,	»
7e arr.	BLAMONT,	82, r. du Bac.	»
8e arr.	LACHÈVRE,	5, r. Caumartin.	»
9e arr.	MÉDARD,	69, r. du fg-Poissonnière.	»
10e arr.	BALOCHE,	97, r. du fg St-Denis.	»
13e arr.	RICHOMME,	39, r. du Fer-à-Moulin.	»
14e arr.	BOUTROY,	3, r. de la Tombe-Issoire.	»
15e arr.	GAGNANT,	3, r. Lecourbe.	»
17e arr.	PELLETIER,	55, r. de Lévis.	»
18e arr.	LANGLOIS,	11, r. Marcadet.	»
	BOUGENAUT,	6, r. de Jessaint.	»
19e arr.	FLOOD,	202, bt de la Villette.	»
20e arr.	LIORÉ,	44, r. Ménilmontant,	»
	MASSÉ,	39, r. des Amandiers.	»

COUTELIERS

| 1er arr. | CHAUSSON, | 24, Galerie Véro-Dodat. | 5 % |

2ᵉ *arr*.	AUX GALERIES DE FER,	19, b. des Italiens.	5 °/₀
	VERRY fils,	22, pass. Choiseul.	»
	MÉRICANT,	58, r. Nᵉ-d.-Petits-Champs.	»
	THUILLIER,	37, pass. des Panoramas.	»
3ᵉ *arr*.	GRANGE,	17, r. Michel-le-Comte.	»
	JOURNAUX,	2, r. des Vieilles-Handriettes.	»
	MONNIOTTE et LASSAUX,	255, r. Saint-Martin.	»
4ᵉ *arr*.	SAMSON frères,	19, r. du Temple.	»
5ᵉ *arr*.	BAZAR DU PANTHÉON,	20, r. Soufflot.	»
	Alph. JÉRU fils,	5, r. Monge.	»
6ᵉ *arr*.	A SAINT-PLACIDE,	30, r. Saint-Placide.	»
7ᵉ *arr*.	MARTINET,	131, r. du Bac.	»
8ᵉ *arr*.	BAUDRY,	9, r. de la Ferme-des-Mathurins.	»
	CHARLIER,	64, r. de la Chaussée-d'Antin.	»
9ᵉ *arr*.	BAZAR LAFFITTÉ,	37, r. de Provence.	10 °/₀
	BROSSERIE MODÈLE,	1, r. Lafayette.	»
	GUERRE,	4, r. Lafayette.	5 °/₀
	PERIN,	19 bis, r. Fontᵉ-St-Georges.	»
10ᵉ *arr*.	BAZAR DE LA PORTE-SAINT-MARTIN,	2 et 4, b. Saint-Denis.	»
11ᵉ *arr*.	NAUDÉ,	3, r. Basfroi.	»
15ᵉ *arr*.	BERTHON,	64, r. du Commerce.	»
18ᵉ *arr*.	GADRAT,	70, r. de La Chapelle	»
19ᵉ *arr*.	CARPENTIER et ROY,	29, r. d'Allemagne.	»

COUVERTS KIANGSI

3ᵉ *arr*.	MONNIOTTE et LASSAUX,	255, r. Saint-Martin.	5 °/₀

COUVERTS EN MÉTAUX DIVERS

Spécialités pour cafés, restaurants, hôtels et cercles

3ᵉ *arr.*	Monniotte et Lassaux, 255, r. Saint-Martin.	5 %
4ᵉ *arr.*	Samson frères,	19, r. du Temple.	»
8ᵉ *arr.*	Delvingne,	54, r. du Faub.-St-Honoré.	»

COUVERTS RUOLZ ET EN PLAQUÉ

2ᵉ *arr.*	Verry fils,	22, r. de Choiseul.	5 %
11ᵉ *arr.*	Lamazière,	153, r. Oberkampf.	»

CRAYONS

10ᵉ *arr.*	Veuve Mengin,	25, r. du Faub.-St-Martin.	10 %

CRÊMIERS

3ᵉ *arr.*	Dufourmantelle,	90, r. de Turenne.	5 %
	Galmiche,	78, r. du Temple.	»
	Ménard,	29, r. Vieille-du-Temple.	»
5ᵉ *arr.*	Blachère,	287, r. Saint-Jacques.	»
8ᵉ *arr.*	Quellier,	15, r. d'Argenson.	»
	Thuillard,	20, r. du Cirque.	»
9ᵉ *arr.*	Bergoin,	44, r. Richer.	»
10ᵉ *arr.*	Alleton,	40, r. du F.-Poissonnière.	»
	Langlois,	132, r. du Faub.-St-Martin.	»
18ᵉ *arr.*	Fichot,	14, r. Myrrha.	»
19ᵉ *arr.*	Martinet,	82, b. de La Villette.	»

DÉCORATIONS (*insignes de*)

1er *arr.* DUPETITBOSQ, 229 et 231, péristyle Montpensier. 10 %

DÉMÉNAGEMENTS (*entreprise de*)

12e *arr.* MONDET, 173, r. du Faub.-St-Antoine. 5 %

DENTELLES ET GUIPURES

3e *arr.* PORON-JOLLOIS, 23, b. Poissonnière. 5 %
(1) MAYER et SALMON frères, 5, r. de Mulhouse. »
AUX FABRIQUES BELGES, 29, r. Nve-d.-Petits-Champs. »
AU PROPHÈTE, 71, r. Richelieu. »

7e *arr.* Ve PAPON et WALLER, 79, r. du Bac. »

DESSINATEURS-GRAVEURS

2e *arr.* LABOURDETTE, 48, r. Nve-d.-Petits-Champs. 5 %

6e *arr.* BISSON et JAQUET, 12, r. du Jardinet. 10 %

7e *arr.* LÉGER, 28, r. Grenelle-St-Germain. 5 %

DESSINATEUR SUR ÉTOFFES

2e *arr.* MICHELET, 1, r. Feydeau. 7 %

DIVANS POUR CAFÉS

12e *arr.* LAURENT, 51, r. de la Roquette. 5 %

DRAPERIE

1er *arr.* A LA VESTALE, 106, r. Montmartre. 5 %
AU MASQUE DE FER, 25 et 27, r. Coquillère. »

(1) On ne coupe pas.

1er arr.	Au Pavillon de Rohan,	2, r. de Rohan.	5 %
	A la Ville de Paris,	110 et 111, Palais-Royal.	10 %
2e arr.	Au Prince Eugène,	17, r. Vivienne.	»
3e arr.	Aux Enfants d'Edouard,	115, r. du Temple.	5 %
	Galeries St-Martin,	308, r. Saint-Martin.	8 %
4e arr.	A la Ville d'Elbeuf,	56, r. du Temple.	5 %
5e arr.	Aux Montagnes suisses,	2 et 4, r. Monge.	»
6e arr.	A la Place Gozlin,	2 et 4, pl. Gozlin.	»
	A Mazarin,	2, r. de l'Acienne-Comédie.	»
9e arr.	A Guillaume Tell,	31, pl. Cadet.	15 %
10e arr.	Au Paris nouveau,	170, b. Magenta.	5 %
11e arr.	Aux Galeries Saint-Ambroise,	48, r. Oberkampf.	» »
13e arr.	Frey fils,	156, av. d'Italie.	»
	A la Ville de Paris,	38 et 40, av. d'Italie.	»
14e arr.	Au Grand St-Médard,	34, r. de l'Ouest.	»
15e arr.	Aux Fabriques de Grenelle,	87, r. du Commerce.	»
16e arr.	A la Ville d'Auteuil,	52, r. d'Auteuil.	»
17e arr.	Cablat,	83, av. de Clichy.	»
19e arr.	Au Bon Marché,	149, r. d'Allemagne.	»
20e arr.	Au Tapis Vert,	36, r. Ménilmontant.	»

ÉBÉNISTE

12e arr.	Audouer,	51, r. de la Roquette.	»

ÉBÉNISTERIE D'ART

2. arr. Aux Galeries de Fer, 19, b. des Italiens.   5 %

ÉDITEURS DE MUSIQUE

° arr. Hellaine,   39, b. Haussmann. sur prix nets,   10 %
        do   ur prix marqués,   7 %
9ᵉ arr. Hiélard,   8, r. Laffitte.   10 %

ENCADREMENTS

2ᵉ arr. Maison Juhan,   11, r. Poissonnière.   10 %

ENVELOPPE-ANNONCE
du vernis Flamand

4ᵉ arr. Bogaerts,   4, r. du Marché-St-Jean 5 %

ÉPICIERS

1ᵉʳ arr. Cottin (10)   28, r. de Rambuteau.   5 %
          Dumont, jeune (6)   39, r. Richelieu.   »
          Dumont (6)   2, r. du Hazard.   »
          Entraygues,   25, r. du Pont-Neuf.   »
2ᵉ arr.   Lormeau, (1)   55, r. Gréneta.   ».
          A la Tête noire,   35, r. de Vauvilliers.   »
          Bordot, (6)   34, r. du Caire.   »

---

(1) Excepté sur le sucre et l'huile à Brûler.
(2)   —   do   do   café et chandelle.
(3)   —   do   et le café.
(4)   —   do   le sel et l'huile à brûler.
(5)   —   do   do   do   et chocolat Ménier
(6)   —   do
(7)   —   do   et la Bougie
(8)   —   do   le savon et l'huile à Brûler.
(9)   —   do   sel, café, l'huile à brûler,
(10)   —   do   huile à brûler et chandelle

	CHAPELAIN, (1)	344, r. St-Honoré.	5 o/o
	ENTRAYGUES	34, r. Montmartre.	»
	ENTRAYGUES	10, r. Nve-des-Capucines.	»
	VALLERAND,	17, r. Croix-des-Petits-Champs,	»
3e arr.	BOURDIN, (1)	47, r. des Francs-Bourgeois	»
	CRESTE-ROUDIL,	62. r. Turbigo.	»
	GIRARD-HULEAU,	16, r. des Filles du Calvaire.	»
	HIAULT, (7)	13, b. du Temple	»
	LACROIX,	9, r. Beaubourg.	»
	MÉNARD, (1)	29, r. Vieille-du-Temple.	»
	SERVOISE (10)	112, r. du Temple.	»
	VASSORT,	39, r. de Belleyme.	»
4e arr.	D'HARDIVILLÉ, (1)	49, r. St-Paul.	»
	LEROUX,	61, r. de la Verrerie.	»
	MORICOT, (1)	36, r. St-Louis en l'Ile.	»
	MESLAND, (1)	18, r. des 2 Ponts.	»
	VALLÉE,	107, b. Beaumarchais.	»
5e arr.	LAURENT CHOLAT, (1)	73, r. Mouffetard,	»
	LORCIN, (1)	105, r. Mouffetard.	»
	LESBINY, (1)	15, r. Monge.	»
	QUETTIER,	24, r. St-Séverin.	»
	THOMINET-LEMERCIER, (1)	78. r. des Feuillantines,	»
	TRESSY (9)	342, r. St-Jacques.	»
6e arr.	DELAITRE,	16, r. du Dragon.	»
	GRAVELAIS (1)	57, r. de Varennes.	»
	VIROL (1)	20, r. de Fleurus.	»
7e arr.	BERTRAND (1)	199, r. St-Dominique.	»
	BOMBARDIER,	80, r. du Bac.	»
	BOUVRESSE, (1)	43, r. Cler.	»
	CHANTRIER,	47, r. de l'Université.	»
	GRAVEL, (6)	58, r. de Sèvres.	»
	JACQUIN, (6)	11, r. d'Estrées.	»
8e arr.	BARRAUD,	35 bis r. d'Amsterdam.	»
	BÉQUIGNON, (1)	13, r. Tronchet,	»
	CANIVET, (1)	35, do	»

8ᵉ arr.	BRETON, (1)	124, r. du faub. St-Honoré. 5 °/₀	
	SIMÉON, (6)	139, do	»
	CRUYL,	35, r. Fontaine-St-Georges.	»
	DEUILLY, (6)	9, do	»
	DOUILLY (1)	22, r. Royale	»
	LABBÉ	45, r. de Larochefoucault.	»
	LAFONTAINE,	13, r. Clauzel.	»
	PAILMEY, (1)	28, r. Godot-de-Mauroy	»
	ROBILLARD,	40, r. d'Amsterdam.	»
	TALPIN,	29, r. de Turin.	»
9ᵉ arr.	ARNAUD, (6)	5, bis, r. Lamartine,	»
	MOUTON	15, do	»
	FÉRET, (6)	9, r. de Douai.	»
	PORCHER,	11, do	»
	FUGÈRE, (6)	28, r. Montholon.	»
	LECLÈRE,	22, r. de Laval.	»
	LEGENDRE,	9, r. de la Ferme des Mathurins.	»
	LEVAILLANT (1)	74, r. de Clichy.	»
	LEVAILLANT (1)	40, r. de Boulogne.	»
	ROBICHE (1)	20, r. des Martyrs.	»
	SÉCAUD	3, r. Condorcet.	»
	TOURNE, (1)	5, r. de Provence.	»
	TURIN,	63, r. du fg Poissonnière.	»
	A LA LOCOMOBILE, (1)	73, do	»
	CHAMPION, (6)	70, r. Lafayette.	»
10ᵉ arr.	HÉBERT (1)	93, r. Lafayette.	»
	BARRAT, (9)	38, r. Paradis-Poissonnière	»
	BARRIÉTY, (1)	124, b. Magenta.	»
	BOURDILLON, (4)	135, do	»
	MOSCA-RIATEL, (5)	5, do	»
	GALLERANT,	2, r. Perdonnet.	»
	JEANNOT, (10)	66, r. du fg St-Martin.	»
	LEROY, (8)	85, do	»
	MAINGON, (1)	71, r. du Château-d'Eau.	»
	MERESSE, (3)	51, do	»
	PERRON, (6)	62, r. du fg Poissonnière.	»
	VALENTIN, (1)	18, do	»
	PETIT, (10)	14, r. Bichat.	»
11ᵉ arr.	BARDOT, (6)	52, r. du faub. du Temple.	»
	BIOUD (1)	21, r. Koller.	»

11e arr.	BOUGENAUD,	153, r. Oberkampf.	5 %
	CACHET,	70, do	»
	CACHET,	15, r. de Charonne.	»
	CHRÉTIEN-KUNTZ,	83, r. Sedaine.	»
	COQUOIN, (2)	151, r. Amelot.	»
12e arr.	COTTEAU, (1)	17, r. du Rendez-Vous.	»
	DARAGON, (1)	12, Cours de Vincennes.	»
	EPICERIE CENTRALE, (1)	36, b. Mazas.	»
	VERRIER, (1)	90, do	»
	DELACOUR, (6)	273, r. de Charenton.	»
	MARTIN, (1)	133, do	»
13e arr.	CANIAU,	147, Av. d'Italie.	»
	DELARGE, (1)	12, r. Vandrezanne.	»
	DEULLY,	38, r. du cardinal Lemoine.	»
	MAUBLANC (1)	44, r. Galande.	»
	RICHOMME,	39, r. du Fer-à-Moulin.	»
14e arr.	AU GOURMET,	78, r. Daguerre.	»
	BOULOT, (1)	66, r. de la Tombe-Issoire.	»
	BOUTROY (1)	3, do	»
	BENOIST, (6)	111, b. Montparnasse	»
	COLLIN (6)	10, r. Delambre.	»
	COUSTURIER, (1)	19, r. Brézin.	»
	DROUET, (1)	14, Chaussée-du-Maine.	»
	GUET, (1)	26, r. Cels.	»
	RIVIÈRE, (1)	93, r. de l'Ouest.	»
	VALLOT, (6)	100, do	»
15e arr.	DÉZERT,	296, r. de Vaugirard.	»
	FOUCON, (1)	371, do	»
	GAGNANT, (6)	3, r. Lecourbe.	»
	SEIGNIER, (1)	91, do	»
	GALEMPOIX, (6)	99, r. Cambronne,	»
	LAVIGNE, (1)	115, r. de l'abbé Groult.	»
	VOLOT,	84, r. du Commerce.	»
16e arr.	SOUVÈRE, (1)	91, r. de Passy.	»
17e arr.	CAILLAUT, (1)	73, Av. des Ternes.	»
	LEFEBVRE, (1)	103, do	»

6

	Dupuis,	25, rue des Dames.	5 o /
	Masson,	45, id.	»
	Sire. (6)	93, Avenue de Clichy.	»
18ᵉ arr.	Boucher, (1)	39, rue Poulet.	»
	Brochart, (6)	19, rue Polonceau.	»
	Pourel,	48, rue des Abbesses.	»
	Collart,	2, rue de la Goutte d'Or.	»
	Chalmeigne (1)	1, rue Caplat.	»
	Ferrières (6)	65, rue de la Chapelle.	»
	Galler,	38, id	
	Fichot,	14, rue Myrrha.	»
	Langlois (1)	11, rue Marcadet.	»
	Lebeaupin (1)	48, rue de la Goutte d'Or.	»
	Morrelet, (1)	19, rue Durantin.	»
	Pichegru,	12, rue Jean-Robert.	»
	Vaurabourg,	64, rue Clignancourt.	»
19ᵉ arr.	Brousse, (1)	93, rue de Meaux.	»
	Brousse, (1)	90, rue d'Allemagne.	»
	Hamel,	7, id.	»
	Martin, (1)	64, id:	»
	Poirier,	172, id.	»
	Dubanet,	551, rue de Puébla.	»
	Geoffroi, (1)	14, rue Rébeval.	»
20ᵉ arr.	Baudier, (4)	259, rue de Belleville.	»
	Billard,	23, rue des Partants.	»
	Gehl,	35, id.	»
	Dauvissat,	98, rue des Amandiers.	»
	Dauvissat,	62, rue des Panoyaux.	»
	Delamare, (1)	17, rue Ramponneau.	»
	Depuillet,	162, rue de Charonne.	»
	Dubois,	8, rue Ménilmontant.	»
	Epicerie du progrès,	33, rue des Maronites.	»
	Volly,	50, Chaussée Ménilmont.	»
	Millochau, (1)	19, rue des Rigoles.	»
	Picard,	50, rue des Amandiers.	»
	Ignard,	10, rue Tlemcen.	»

ÉPONGES

1er *arr.*	BROUSSÉ,	19, boulev. Sébastopol.	10 °/o
2e *arr.*	AUX GALERIES DE FER,	19, boulevard. des Italiens.	5 °/o
3e *arr.*	NADER et Cie.,	24, rue Béranger.	»
8e *arr.*	BAUDRY,	9, r. de la Ferme des Math.	»
9e *arr.*	BROSSERIE MODÈLE,	1, rue Lafayette.	10 °/o
10e *arr.*	BALOCHE,	97, rue du faub. Saint-Denis.	5 °/o
	LEGRAND,	48, r. du faub. Poissonnière.	»
20e *arr.*	LIORÉ,	44, rue Ménilmontant.	»

ÉQUIPEMENTS MILITAIRES

1er *arr.*	DUPETITBOSQ,	229 à 231, Pérystile Montpensier	10 °/o

ÉTABLISSEMENT DE BOUILLON

3e *arr.*	MAISON LAMA,	63, rue du Temple.	5 °/o

ÉTAMAGE ET DORURE DE GLACES

17e *arr.*	PAGET,	49, avenue des Ternes.	»

ÉTOFFES POUR DEUIL (Spécialité d')

1er *arr.*	A LA PLACE VENDOME,	1, place Vendôme.	»
2e *arr.*	A LA SCABIEUSE,	10, rue de la Paix.	»
4e *arr.*	AU CANAL DE SUEZ,	96, rue de Rivoli.	»
9e *arr.*	A SAINT-EUGÈNE,	31, r du faub. Poissónnière.	»

ÉVENTAILS

1er *arr.*	BROUSSE,	19, boulev. Sébastopol.	10 °/o

2ᵉ *arr*. AUX GALERIES DE FER,   19, boulev. des Italiens.   5 %

3ᵉ *arr*. PETIT,   77, rue N.-D. de Nazareth. 10 %

9ᵉ *arr*. FONTAINE,   58, r. de la Chauss.-d'Antin. 5 %

FLEURS FINES

2ᵉ *arr*. BARDEL,   62, rue Richelieu.   10 %

FERBLANTIERS LAMPISTES

1ᵉʳ *arr*. GATINE,   10, rue J.-J. Rousseau.   5 %

2ᵉ *arr*. ECLAIRAGE PHAROGÉRIQUE,   pass. des Panoramas, 18,   »
    (galerie Montm.)   »
    LÉCUYER,   138, rue Montmartre.   »
    PELLERIN,   45, rue Montorgueil.   »
    PELLETIER,   45, pass. du Grand-Cerf.   »

4ᵉ *arr*. MORAUX,   54, rue St.-Louis-en-l'Ile.   »
5ᵉ *arr*. GIRARD,   64, rue Monge.   »
    LEVIEIL,   23, rue de la Harpe.   »

6ᵉ *arr*. CHADAL,   57, rue Monsieur-le-Prince.   »
    FOURNEIX,   25, rue Bonaparte.   »

7ᵉ *arr*. MICHELET,   97, rue du Bac.   6 %

8ᵉ *arr*. CORRÉARD,   76, rue Blanche.   5 %

9ᵉ *arr*. CHABRIER,   65, rue de Maubeuge.   »

10ᵉ *arr*. ROSET,   148, boulevard Magenta.   6 %

11ᵉ *arr*. OTTO. LIEBNER,   36, boulevard Voltaire.   5 %

12ᵉ *arr*. A LA VILLE DE SCHELESTADT 101, rue de Charenton.   »

17ᵉ *arr*. THOMAS,   25, rue des Dames.   »

18ᵉ *arr*. POIRIÉ-DELAMBRE,   4, rue Feutrier.   »
    ROY,   56, avenue de Saint-Ouen.   »

| 19e *arr*. | Bréhier, | 57, rue de Flandre. | 5 % |
| 20e *arr*. | François, | 14, rue de la Mare. | » |

FOURRURES

1er *arr*.	Mmes Hautin,	101, rue N.-des-P.-Champs.	6 %
2e *arr*.	A la Régence,	15, boulev. Poissonnière.	10 %
	Goetz,	5, rue du Petit-Carreau.	5 %
	Poron-Jollois,	23, boulev. Poissonnière.	»
	Rhébock,	49, rue Montmartre.	»
	Mary, (au petit Colbert)	2, r. Vivienne.	»
3e *arr*.	Aux Enfants d'Edouard	115, rue du Temple.	»
	Deniau,	42, rue Turbigo.	10 %
	Galeries St.-Martin,	308, rue Saint-Martin.	8 %
4e *arr*.	Les frères Richard,	4, boulev. Sébastopol.	5 %
5e *arr*.	Au Grand dépot de Roubaix,	41, boulev. Saint-Michel.	»
10e *arr*.	Au Paris nouveau,	170, boulevard Magenta.	»
	Aux trois Frères,	4 et 6, boulev. Saint-Denis	»
13e *arr*.	A la Ville de Paris,	38 et 40, avenue d'Italie.	»
14e *arr*.	Reschofsky,	46, avenue d'Orléans.	»

FRUITIERS

3e *arr*.	Ménard,	29, rue Vieille-du-Temple.	5 %
7e *arr*.	Dufour,	29, avenue Duquesne.	»
8e *arr*.	Talpin,	29, rue de Turin.	»
9e *arr*.	Champion.	70, rue Lafayette.	»
	Saunnier,	47, Id.	»
	Guyon,	21, rue de Maubeuge.	»
10e *arr*.	Alleton,	40, r. du faub. Poissonnière.	»
	Champion,	88, rue du faub. St-Martin.	»

13e arr.	BOUBDAIS,	53, avenue d'Italie.	5 o/o
	CANIAU,	147, Id.	»
17e arr.	GAUTHÉ,	15, boulev. des Batignolles.	»
	LECOT,	35, rue Nollet.	»
	MASSON,	45, rue des Dames.	»
18e arr.	SERLIN et LASSUS,	63, rue Riquet.	»
19e arr.	MARTINET,	82, boulev. de la Villette.	»
	POIRIER,	172, rue d'Allemagne.	»

GALOCHES ET SABOTS

4e arr.	PHILIPPÉ,	59, rue de l'Hôtel-de-Ville.	5 o/o
9e arr.	PARAIRE,	19, rue Rochechouard.	»
12e arr.	COURBOIN,	151, rue de Charenton.	»
	MISCHLER,	60, Id.	»
13e arr.	SCHMIÉDER,	68, avenue d'Italie.	»
19e arr.	MARTIN,	14, rue d'Allemagne.	»

GANTS DE PEAUX

1er arr.	AUX ARMES DE RUSSIE,	45, rue Vivienne.	5 o/o
	AUX GAL. DU LOUVRE,	194, rue Saint-Honoré.	»
	BOHIN,	20, rue des Halles.	»
	BROUSSE,	19, boulevard Sébastopol.	10 o/o
	FURTERER et BUFFET,	42, rue Richelieu.	5 o/o
	LAHAYE,	5 et 7, r. Croix des P.-Champs.	10 o/o
	MENÉTRIER sœurs,	17, passage Véro-Dodat.	5 o/o
	WÉBER,	174, rue Saint-Honoré.	»
2e arr.	AU PROPHÈTE,	71, rue Richelieu.	»
	DESCROIX,	32 et 36, galerie Vivienne.	»
	FISCHER,	63, passage Choiseul.	»
	TOURNADRE,	37, rue Molière.	»
3e arr.	AU GR. MONTMORENCY,	102, rue du Temple.	»
	CHIVOREZ,	28, rue Michel-le-Comte.	»
	GUIPON,	345, rue Saint-Martin.	10 o/o

4ᵉ *arr*.	MARTIN-CORMIER,	104, rue Saint-Antoine.	5 %
5ᵉ *arr*.	A LA JEUNE FRANCE,	84, boul. Saint-Germain.	»
	LEVEAU,	66, rue St-André-des-Arts.	»
6ᵉ *arr*.	A L'ELÉGANTE,	13, rue Racine.	»
	BOHIN,	20, rue de Rennes.	»
	CHOLLET,	59, rue du V.-Colombier.	»
	FENEUX,	63, rue Monsieur-le-Prince.	»
7ᵉ *arr*.	A L'HÉLIOTROPE,	81, rue du Bac.	»
	Mme BAIN,	122, Id.	»
8ᵉ *arr*.	FRONTIER,	247, rue Saint-Honoré.	»
9ᵉ *arr*.	AU CAMÉLIA,	46, rue du faub. Montmart.	»
	MALAVAL,	22, Id.	»
	A LA VILLE DE LONDRES,	12, rue de la Ch.-d'Antin.	»
	A LA TRINITÉ,	70, Id.	7 %
	BAFFET,	42, rue Cadet.	5 %
	DAUDÉ,	31, rue du faub. Poissonn.	»
	FONTAINE,	58, rue de la Ch.-d'Antin.	»
	JOURDAIN ÉT BROWN,	14, rue Halévy.	»
	MASSUYEZ,	5, rue de Clichy.	6 %
	Mme VINCENT,	67, rue Lafayette.	5 %
	Mme DESMAREZ,	23, rue du faub. Poissonn.	»
10ᵉ *arr*.	AU PARIS NOUVEAU,	170, boulevard Magenta.	»
	CORRION,	47, rue du Château-d'Eau	»
	MANCHE,	57, boul. de Strasbourg.	»
11ᵉ *arr*.	BAUX,	78, rue de la Roquette.	»
	A LA PENSÉE,	77, rue Oberkampf.	
	AUX GALERIES ST-AMBROISE,	48, dᵒ	»
12ᵉ *arr*.	A LA VILLE DE ROUEN,	20, avenue Lacuée.	»
16ᵉ *arr*.	A N.-D. DE PASSY,	51, rue de Passy,	»
17ᵉ *arr*.	A LA VILLE DE LYON,	112, avenue de Clichy.	»
	A SAINT-EUGÈNE,	1, dᵒ	»
	AU NOUVEAU-NÉ,	55, Grande-Rue (Batignolles)	»
18ᵉ *arr*.	Mlle LAURIER,	43, chaussée Clignancourt.	»

19e *arr*.	BILLANT,	19, rue Rébeval.	5 o/o
20e *arr*.	AU TAPIS-VERT,	36, rue Ménilmontant.	»
	LAUNAY,	37, rue de Bagnolet.	»

GARNITURES DE FEUX

| 2e *arr*. | AUX GALERIES DE FER, 19, boulev. des Italiens. | 5 c/o |

GLACES DE ST-GOBAIN

| 17e *arr*. | PAGET, | 49, avenue des Ternes. | 5o/o |

GRAINIERS

3e *arr*.	LACROIX,	9, rue Beaubourg.	5 o/o
7e *arr*.	Vᵉ CORLET,	36, rue de Bellechasse.	»
11e *arr*.	COQUOIN,	151, rue Amelot.	»
12e *arr*.	BERTEAU,	15, rue de Lyon.	»
	COTTAND,	17, rue du Rendez-Vous.	»
18e *arr*.	FRANÇOIS,	15, rue Lepic.	»
19e *arr*.	POIRIER,	172, rue d'Allemagne.	»
20e *arr*.	DUBOIS,	8, rue de Ménilmontant.	»
	PAVEZ,	123, dᵒ	»

GRAVEURS

1er *arr*.	DUCHESNE,	1, boulev. Sébastopol.	5 o/o
2e *arr*.	LABOURDETTE,	48, rue Neuve-des-Pet.-Ch.	»
6e *arr*.	BISSON ET JAQUET,	12, rue du Jardinet.	10 o/o
16e *arr*.	RAUD,	113, b. Haussman.	extr. 20 o/o — ord. 10 o/o
8e *arr*.	RAUD,	113, rue Rude.	extr. 20 o/o — ord. 10 o/o

HABILLEMENTS CONFECTIONNÉS

1er arr. A L'HISTOIRE DE FRANCE, 53, r. de Rivoli.   5 °/₀
    A LA REDINGOTE GRISE, 45,   d°   7 °/₀
    A LA VILLE DE PARIS, 110, et 111, galerie de Valois 10 °/₀
    AU PAVILLON DE ROHAN, 2, r. de Rohan.   5 °/₀

2e arr. AU PRINCE EUGÈNE,   17, r. Vivienne.   10 °/₀
    AUX ARTS ET MÉTIERS, 17, boulev. Saint-Denis.   »

3e arr. ROUZÉE,   42, passage du Grand-Cerf. 5 °/₀
    A LA NOUVELLE HÉLOÏSE 14, r. de Rambuteau.   »
    BLIN,   139, r. du Temple.   »
    AUX ARMES NATIONALES, 49, boul. Saint-Martin.   6 °/₀
    AU GRAND MONTMORENCY 102, r. du Temple.   5 °/₀
    LANGARD,   123, r. Vieille-du-Temple.   »

4e arr. A LA SOLIDITÉ,   44, quai de l'Hôtel-de-Ville.   »
    A LA VILLE D'ELBEUF, 56, r. du Temple.   »
    AU BON DIABLE,   39, r. de Rivoli.   »
    BEUREY,   14, r. de l'Hôtel-de-Ville.   »

5e arr. A LA BALAYEUSE,   9, r. Mouffetard.
    A LA VILLE DE SEDAN, 37, boul. Saint-Michel.   »
    AU GRAND BON MARCHÉ, 29, r. Monge.   »
    A ST-VINCENT-DE-PAUL, 63,   id.   »
    AUX OUVRIERS DE PARIS, 75, r. Mouffetard.   5 °/₀
    RENAUD,   90, r. de l'Ecole-de-Médecine.   »

6e arr. A L'ISTHME DE SUEZ, 58, r. Bonaparte.   4 °/₀
    A MAZARIN,   2, r. de l'Ancienne Comédie.   5 °/₀
    A ST-VINCENT-DE-PAUL, 51, r. Bonaparte.   »
    COCHARD,   63, r. S-André-des-Arts.   »
    HERBERT,   14, r. de l'Ecole-de-Médecine.   »

7e arr. AUX CANOTIERS,   148, r. de Grenelle St-Germain   5 °/₀
    PAGNIEZ,   4, r. Amélie.   6 °/₀

9e arr. A GUILLAUME TELL, 31, place Cadet.   15 °/₀
    AU PETIT MARIN,   13, r. Cadet.   5 °/₀

10ᵉ arr.	A LA BLOUSE DE LILLE,	85, r. du faub. St-martin.	5 º/₀
	A LA RENAISSANCE,	91, id.	»
	AU SAPEUR.	266, id.	»
	A LA FERME St-LAZARE.	81, b. Magenta.	8 º/₀
	AU PARIS NOUVEAU.	170 dº	5 º/₀
	A L'AMI DE L'OUVRIER.	213, r. du Fg-St-Denis.	»
	A LA PORTE St-DENIS.	1, dº	6 º/₀
	A LA VILLE DE STRASBOURG.	46 et 48, b. Magenta	5 º/₀
	AU FRANC-PICARD.	90, r. du Fg du Temple.	»
	AUX DEUX-FRÈRES.	85, id.	»
	SELIGMANN,	27, id.	»
	AU CHATEAU-D'EAU.	9, place du Château-d'Eau.	»
	COPIE.	57, b. de Strasbourg.	6 º/₀
11ᵉ arr.	A L'ACTIVITÉ.	73, r. Crozatier.	5 º/₀
	A LA VILLE D'ANGOULÊME.	53, r. d'Angoulême.	»
	A L'ILLUSTRE JEAN-BART.	97, r. du faub. St.-Antoine.	»
	A L'UNION DES OUVRIERS.	39, r. Popincourt.	»
	AUX GALERIES POPINCOURT.	85, r. Sedaine.	»
	AUX GALERIES ST-AMBROISE.	48, r. Oberkampf.	»
	BONNOT.	119, r. du faub. St-Antoine	»
12ᵉ arr.	A L'ACTIVITÉ.	73, r, Crozatier.	»
	A L'ILLUSTRE JEAN-BART.	97, r. du faub. St-Antoine	»
	BONNOT.	119, id.	»
	MISCHLER.	60, r. de Charenton.	»
13ᵉ arr.	A LA PETITE JARDINIÈRE.	146, Av. d'Italie.	»
	A LA VILLE DE PARIS.	38 et 40, id.	»
	AUX BON MARCHÉ.	74, id.	»
	AU GAGNE PETIT.	66, id.	6 º/₀
14ᵉ arr.	AU BON FERMIER.	53, r. Delambre.	5 º/₀
	AU GRAND St-MÉDARD.	34, r. de l'Ouest.	»
	GAUDRON.	52, id.	»
15ᵉ arr.	AUX FABRIQUES DE GRENELLE.	87, r. du Commerce.	»
17ᵉ arr.	A St-EUGÈNE.	1, avenue de Clichy.	»
	AU NOUVEAU-NÉ.	57, Grande r. des Batignolles.	»
18ᵉ arr.	AU NOUVEAU PARIS.	6, r. de Clignancourt.	10 º/₀
	RIVE.	52, Grande r. de la Chapelle.	5 º/₀
	WEINSTOCK.	32, r. Myrrha.	»

19e *arr.*	A LA BONNE FERMIÈRE.	259, r. de Belleville.	5 %
	AU MASQUE DE FER.	61, id.	»
	AUX MOUSQUETAIRES.	31, id.	»
	A LA VILLE DE STRASBOURG.	135, r. d'Allemagne.	»
	AU BON MARCHÉ.	149, id.	»
	AU FAUCHEUR POLONAIS.	7, id,	»
	A TOUT POUR RIEN.	90, boul. de la Villette.	»
	AU BON MARCHÉ,	114, b. de la Villette.	»
	AU BON MARCHÉ,	66, rue de Flandre.	»
	AU GRAND SAINT-LAURENT,	60, id.	»
	AU PONT DE FLANDRE,	134, id.	»
	AU SOUVENIR DU PRINCE EUGÈNE,	105, id.	»
	AU BON MARCHÉ,	452, b. de Puebla.	»
	BILLANT,	19, rue Rébeval.	»
	SAMSON,	10, b. de la Villette.	»
20e *arr.*	AU TAPIS VERT,	36, rue Ménilmontant.	»

HERBORISTES

1er *arr.*	AU BAZAR DES LOMBARDS,	90, rue Saint-Denis.	5 %
	MOUCHET,	49, rue Jean-Jacq.-Rousseau.	»
	SAINT-JEAN,	46, id	»
	PÉDROLY,	38, r. du Marché-St-Honoré.	»
3e *arr.*	LACROIX,	9, rue Beaubourg.	»
5e *arr.*	THOMINET-LEMERCIER,	78, rue des Feuillantines.	»
	LESBINY,	15, rue Monge.	»
	QUETTIER,	24, rue St-Séverin.	»
6e *arr.*	DELAITRE,	16, rue du Dragon.	»
7e *arr.*	LAILLIER,	96, rue du Bac.	»
	POTIN,	69, id.	»
	HANDUS,	115, rue de Sèvres.	»
	BERTRAND,	199, rue St-Dominique.	»
8e *arr.*	HELLERINGER,	27, rue de l'Arcade,	»
	LAFONTAINE,	13, rue Clauzel.	»
9e *arr.*	CABIAS,	29, rue St-Georges.	»
	DESIGAUX,	26, rue Baudin.	»

10e *arr.*	RASTOIL,	145, b. Magenta.	5 o/
11e *arr.*	COQUOIN,	151, rue Amelot.	»
	CHRÉTIEN-KUNTZ,	83, rue Sedaine.	»
	BLANQUARD,	134, b. Voltaire.	10 o/o
12e *arr.*	COTTAND,	17, rue du Rendez-vous.	5 o/o
13e *arr.*	MAUBLANC,	44, rue Galande.	»
14e *arr.*	BOUTROY,	3, rue de la Tombe-Issoire.	»
15e *arr.*	MAROUX,	18, rue du Commerce.	»
17e *arr.*	LEFÉBVRE,	93, av. des Ternes.	»
18e *arr.*	LA COUTURE,	29, rue Clignancourt.	»
	GALLER,	38, rue de la Chapelle.	»
19e *arr.*	VIVÈS,	155, rue de Flandre.	»
20e *arr.*	DUBOIS,	8, rue Ménilmontant.	»
	JOLLY,	50, chaussée Ménilmontant.	»

HORLOGERS

1er *arr.*	AUX MONTAGNES DE GENÈVE,	2, rue des Halles.	5 o/o
	DAUSSY,	4, rue Pagevin.	»
	CZAPEK et Cie,	25, place Vendôme.	10 o/o
	(1) WATIER, BOURGEAUX,	231, rue St-Honoré.	5 o/o
	AUX FIANCÉS,	16, rue Turbigo.	»
2e *arr.*	CHARVIEUX,	66, r. Ste-Anne.	»
	ALBINET ET COULON,	4, r. de Choiseul.	»
	GENTIL,	73, d°	»
	ROBERT-HOUDIN,	9, b, des Italiens.	10 o/o
	EUG. ARON,	34 et 37, pass. du Saumon.	o »
3e *arr.*	LÉVY,	29, b. Beaumarchais.	5 o/o
	LERICHE,	5, r. Portefoin.	»

(1) 5 0/0 sur pendules et chaines d'or; 10 0/0 sur les autres articles

Burnier,	251, r. St-Martin.	8 °/₀
Bernard,	70, b. Sébastopol.	5 °/₀
Guignard,	39, b. du Temple.	»
Regnault,	73, r. Vieille-du-Temple.	»
Mollard,	12, r. des Vosges.	»
4e arr. Vᶜ Bernard-Mayer,	23, r. Rambuteau.	»
6e arr. Grignon,	13, r. du Cherche-Midi.	»
Camus.	12, Carrefour de l'Odéon.	»
Basque,	64, r. du Four-St-Germain.	»
Delaby,	60, r. Ste-Placide.	»
Coutem,	9, r. Racine.	»
7e arr. Blondeau,	8, r. du Bac.	»
Gauvin,	41, r. de Bourgogne.	»
8e arr. Geissler,	64, r. de la Chaussée-d'Antin.	»
Mme Nogués,	77, b. Haussmann.	»
9e arr. Lecoconnier,	18, pass. de l'Opéra gal. de l'Horloge.	»
Au Mandarin,	9 bis r. Geoffroy-Marie.	10 °/₀
Watier (1),	28, et 30. pass. du Hàvre.	5 °/₀
Au Chinois,	45, r. Lafayette.	10 °/₀
10e arr. Crucifix,	97, b. Magenta.	»
Mayence,	61, r. du faub, St-Martin	5 o/o
11e arr. Devaux,	64, r. de Charonne.	»
Guenneteaux,	57, r. Oberkampf.	»
Lamazière,	153, do	»
Cormeau,	178, r. St-Maur.	»
Urban,	64, r. du Temple.	»
12e arr. Gœury,	78, r. de Charenton.	»
Mécrant,	111, r. du faub. St-Antoine.	»
Mécrant et Ruh,	181, do	8 °/₀
Loze,	229, do	5 °/₀
13e arr. Porcher,	61, route d'Italie.	»
-Lechevallier,	114, av. do	»

(1) 5 0/0 sur pendules et chaines d'or; 10 0/0 sur les autres articles.

14e arr.	ADOLPHE-PIERRE,	39, r. Boulard.	5 o/o
	MAILLAT,	12, r. Mouton Duvernet.	»
	BASIRE,	8, av. d'Orléans.	»
	DUMONT,	38, r. de l'Ouest.	D
16e arr.	LEROY,	49, r. de Passy.	»
17e arr.	AU BALANCIER EN CRISTAL	49, av. des Ternes.	»
	LE GOUPY,	15, av. de Clichy.	»
18e arr.	KAUFRIED et Cie,	106, r. de la Chapelle.	»
	BOULAY,	44, b. de la Chapelle.	»
	POTHIER,	5, r. de la Nation.	6 o/*
	BOURIENNE,	100, b. Rochechouart.	»
19e arr.	SAPIN FILS,	55, r. de Belleville.	5 o/o
	RENARD,	47, do	»
20e arr.	MIGNON,	6, r. Jouye-Rouve.	»
	NAIL,	44, r, Ménilmontant.	»

IMPRESSIONS EN TOUS GENRES

1er arr.	ORLANDI et Co,	2, r. St.-Denis.	6 o/o
	FAUVEL,	3, r. Marchée-St.-Honoré.	5 o/o
2e arr.	PAINDEBLED,	7 et 9, Pass. du Caire.	»
3e arr.	HÉBERT,	114, r. du Temple.	»
4e arr.	VINCENEUX,	41, r. du Temple.	»
5e arr.	LABBÉ,	49, r. Descartes.	»
7e arr.	MASSART,	104, r. du Bac.	»
8e arr.	RAUD,	113, b. Haussmann.	Lux. 20 o/ / Ord. 10 o/o
9e arr.	LEVAILLANT,	3, r. Papillon.	5 o/o
10e arr.	SOUVERAIN,	2, r. Magnan.	»
11e arr.	Mme LEFEVRE,	59, b. Voltaire.	»
14e arr.	TACHON,	35 r. de Vauves.	»

16e *arr.*	NOEL,	54, r. de Passy.		5 %
	RAUD,	r. Rude.	(Lux.	20 %
			(Ord.	10 %
17e *arr.*	LECOMTE,	26, r. des Dames.		5 %
19e *arr.*	PETILLOT,	102, r. d'Allemagne.		»
	FOURTAUX,	21, r. de Flandre.		»
20e *arr.*	TINARAGE,	64, r. Ménilmontant.		»

IMPRIMEURS LITHOGRAPHES

| 4e *arr.* | RUINET et HUE, | 62, r. Amelot. | 5 % |

IMPRIMEUR TYPOGRAPHE

| 1er *arr.* | CLÉMENT, | 131, r. Montmartre. | 10 % |

INSTRUMENTS DE PRÉCISION

| 5e *arr.* | GAIFFE, | 40, r. St.-André-des-Arts. | 5 % |

JOAILLIER

| 1er *arr.* | DAUX et Cie., | 63 et 64, Pal.-Royal. | 5 % |

LAYETIER EMBALLEUR

| 1er *arr.* | GARNIER, | 3, r. St.-Roch. | 5 % |

LÉGUMES SECS

2e *arr.*	FROTTIER,	4, r. de Sartines.	5 %
3e *arr.*	CRESTE-ROUDIL,	62, r. Turbigo.	»
7e *arr.*	JACQUIN,	11, r. d'Estrées.	»
9e *arr.*	CABIAS,	29 r. St.-Georges.	»
11e *arr.*	COQUET,	42, r. du fg. du Temple.	»
12e *arr.*	COTTAND,	17, r. du Rendez-Vous.	»
20e *arr.*	PAVÉ,	123, r. Ménilmontant.	»

LESSIVE MOISSON

| 1er arr. | CHAMERION, | 2, r. Saint-Denis. | 5 % |

LIBRAIRES

1er arr.	HENRY,	12, galerie d'Orléans.	10 %
2e arr.	GARROUSSE,	15, boul. Bonne-Nouvelle.	5 %
	ROUQUETTE.	85, pass. Choiseul.	10 %
3e arr.	HENNEQUIN,	11, boul. Saint-Martin.	»
4e arr.	CHIBOUT,	84, rue François-Miron.	5 %
5e arr.	LABBÉ,	49, rue Descartes.	5 %
	GRAVADE,	29, boulev. Saint-Michel.	»
	SEPPRÉ	60, rue des Écoles.	»
6e arr.	Anc. librairie Palmé, Cnrot, suc.,	22, rue Saint-Sulpice.	»
	MOLLIÉ,	131, b. Saint-Germain.	»
7e arr.	PAUL GROS,	50, rue du Bac.	»
	MASSART,	104, id.	»
9e arr.	HÉLAINÉ,	39, boulev. Haussmann.	10 %
10e arr.	MAILLOT,	114, boulev. Magenta.	5 %
	GÉNEVROSY,	76, id.	»
	BARANGER,	132, rue Lafayette.	»
11e arr.	BOUTAL,	75, rue Sedaine.	»
	CAILLENA,	156, rue Oberkampf.	»
13e arr.	JANIN,	59, avenue d'Italie.	»
14e arr.	DONNÉ,	18, rue de la Gaîté.	»
15e arr.	RUDEMARRE,	69, rue Blomet.	»
16e arr.	MAIRE,	63, rue de Passy.	»
17e arr.	Vo PIGNARD,	31, boulev. des Batignolles.	»

ADMINISTRATION DU GUIDE DU CONSOMMATEUR

PARIS, 56, RUE DE MAUBEUGE

Conformément à votre adhésion, veuillez recevoir ce Bulletin pour *~~Dix-neuf cent trente-huit~~*

~~de dix francs~~

Le Directeur :

Joubert

Nota : Ce Bulletin est reçu par les Négociants dont la liste se trouve à l'Administration et chez les Libraires

ADMINISTRATION DU GUIDE DU CONSOMMATEUR

PARIS, 55, RUE de MADRID

Conformément à votre affiliation, veuillez recevoir
le Bulletin pour

Le Directeur

Nota : Ce Bulletin est reçu par les Dépositaires dont la
liste se trouve à l'Administration et chez les Libraires

18e arr.	WATELET,	4, r. Doudeauville.	5 °/.
	LENOIR,	60, r. de La Chapelle.	»
19e arr.	NOEL CROMBEZ,	108, r. de Meaux.	»
	FOURTAUX,	21, r. de Flandre.	»
20e arr.	RENOUX ET Cie,	36, r. de Belleville.	»

LINGERIE CONFECTIONNÉE

1er arr.	AU MASQUE DE FER,	25 et 27, r. Coquillière.	5 °/.
	A LA PLACE VENDÔME,	1, place Vendôme.	»
	A L'ETOILE DU PONT-NEUF,	26, r. du Pont-Neuf.	»
	AUX FABRIQUES DE LA SARTHE,	109, boulev. Sébastopol.	»
	AU MARCHÉ-St-HONORÉ,	326, r. Saint-Honoré.	»
2e arr.	TOURNADRE,	37, r. Molière.	»
	Mme CARTHELLIER,	33, r. Montorgueil.	»
	A LA VILLE DE MULHOUSE,	66, r. Montmartre.	»
	POUDRA-RIOU,	46, r. Nve-des-Petits-Champs	»
	AUX FABRIQUES BELGES,	29, id.	»
	A LA SCABIEUSE,	10, r. de la Paix.	»
	A SAINTE-MARIE,	12 et 14, passage du Saumon.	»
	A LA FLAMANDE,	383, r. Saint-Denis.	»
3e arr.	AUX DAMES DU CALVAIRE,	11, B. des Filles-du-Calvaire,	»
	CHIVOREZ,	28, r. Michel-le-Comte.	»
	AU GRAND TURENNE,	27, boulev. du Temple.	»
	AUX ENFANTS D'EDOUARD,	115, r. du Temple.	»
	AU Gd MONTMORENCY,	102, id.	»
	A LA NOUVELLE HELOÏSE,	14, r. Rambuteau.	»
4e arr.	A L'ABEILLE,	6, r. des Deux-Portes.	»
	A LA MÉNAGÈRE,	2, r. du Temple.	»
	A SAINTE-ELISABETH,	2, r. de Rivoli.	»
5e arr.	ROCHET,	47, r. Cardinal-le-Moine.	»
	DENEUX,	97, r. Mouffetard.	»
	AUX MONTAGNES SUISSES,	2 et 4, r. Monge.	»
	A St-VINCENT DE PAUL,	63, id.	»
	AUX DEUX PIERROTS,	2, r. du Petit-Pont.	»
	AU CARREFOUR MONGE,	60, boulev. Saint-Germain.	»
	LEVEAU,	66, r. Saint-André-des-Arts.	»
	A LA PATRONNE DE PARIS,	25, bouler. Saint-Michel.	»

6ᵉ *arr.*	A St Germain-des-Prés,	49, r. Bonaparte.	4 °/₀
	Nouricel,	84, r. du Cherche-Midi.	5 °/₀
	Philipponnat,	15, r. Gozlin.	»
	Chollet,	29, r. du Vieux-Colombier.	»
	A l'Elégante,	13, r. Racine.	»
	Au Caprice,	63, r. Monsieur-le-Prince.	»
	A la Place Gozlin,	2 et 4, place Gozlin.	»
7ᵉ *arr.*	Au Calvaire,	17, r. du Bac.	»
	Mme Bain,	122, id.	»
	A Saint-Victor,	29, r. de Bellechasse.	»
	Leroy,	168, r. Saint-Dominique.	»
8ᵉ *arr.*	Couci,	260, r. Saint-Honoré.	»
	Mme Monnet,	126, boul. Haussmann.	{ Ext. 10 0/0 / Ord. 5 0/0
9ᵉ *arr.*	Léger,	12, r. Blanche.	5 °/₀
	Blanche Sallé,	2, r. Lafayette.	{ Ext. 10 0/0 / Ord. 5 0 0
	Au Mont-Jura,	42, id.	5 °/₀
	A la Reine Topaze,	48, id.	»
	Au Carrefour Lafayette,	94, id.	6 °/₀
	Mme Vincent,	67, id.	5 °/₀
	Baffet,	42, r. Cadet.	»
	A Saint-Eugène,	31, r. du Fg.-Poissonnière.	»
	A la Belle Française,	37, r. du Fg.-Montmartre.	8 °/₀
	A la Place Saint-Georges,	34, r. N.-D.-de-Lorette.	5 °/₀
	Aux Fabriques de Lisieux,	6, r. Lamartine.	»
	Jourdain et Brown,	14, r. Halévy.	»
	Jenvrin frères,	131, r. du Fg.-Montmartre.	»
10ᵉ *arr.*	Royer,	98, r. du Château-d'Eau.	»
	Picquemilh,	16, r. de Chabrol.	»
	A l'Ami de l'Ouvrier,	230, r. du Faub.-Saint-Denis.	»
	Lamy,	58, r. du Fg. Poissonnière.	»
	Au Paris Nouveau,	170, boulev. Magenta.	»
	Aux Dames Françaises,	84, r. du Fg.-du-Temple.	»
11ᵉ *arr.*	Baux,	78, r. de la Roquette.	»
	Mlle Vilpelle,	65, boulev. Voltaire.	»
	A la Pensée,	77, r. Oberkampf.	»
	Aux Galeries St-Ambroise,	48, id.	»

20ᵉ arr.	Launay,	5, r. de Bagnolet.	5 %
	V. Sorre,	21, r. des Rigoles.	»
	Au Tapis-Vert,	36, r. Ménilmontant.	»
	Lamartinie,	82, id.	»
	Réolin,	88, Chaussée Ménilmontant.	»

LIQUEURS FINES

| 8ᵉ arr. | Chéret frères et Cᵉ. | 73, b. Haussmann. | 5 % |

LITERIE

1ᵉʳ arr.	Léon Huet,	174, r. Rambuteau.	5 %
	Huet,	160, r. Saint-Denis.	»
	Aux Petits Agneaux,	29, b. Sébastopol.	»
	Aux 2 Sergents,	166, r. Saint-Honoré.	»
	Vasseur,	262, id.	»
2ᵉ arr.	Chédebois,	48, r. de Cléry.	»
	Chédebois,	72, id,	»
	A l'Etoile d'Or,	46, id.	»
	Brot,	5, r. Feydeau.	»
3ᵉ arr.	Prodhomme,	13, r. Rambuteau.	»
	A St-Louis,	24, id.	»
	Fouquet,	27, id.	»
	Au Colosse de Rhodes,	49, id.	»
	Levé,	64, r. Beaubourg.	»
4ᵉ arr.	Fouqué et Fortin,	30, r. de Rivoli.	»
	Fouqué et Fortin,	40 bis, id.	»
	Fouqué et Fortin,	23, r. du Roi de Sicile.	»
	Michelin,	46, r. François-Miron.	»
	A la Place Monge,	62, r. Monge.	»
	Desmasures,	28, r. Soufflot.	»
6ᵉ arr.	Métra,	22, r. du Bac.	»
	Quinier,	31, r. du Vieux-Colombier.	»
	Vallot,	17, id.	»
	Modelin,	74, r. de Seine.	»
	Chocat,	11, r. de la Montagne Ste-Geneviève.	»
8ᵉ arr.	Mᵉ Racher,	51, r. d'Amsterdam.	5 %
9ᵉ arr.	Vincent,	18, r. Lafayette.	6 %

Gripon,	16, r. Rochechouart.	6 °/₀
Anbeuf et Rouilhat,	51, id.	5 °/₀
Adam,	26, r. Lamartine.	»
Au Tapis Oriental,	58, r. N.-D.-de-Lorette.	»
Lepesqueur,	107, r. du Fg Poissonnier.	»
10e *arr.* Lebrun,	46, r. du Fg St-Denis.	6 /
A L'AGNEAU SANS TACHE,	48, id.	»
Au Paris Nouveau,	170, b. Magenta.	5 °/
Corbet,	67, b. de Belleville.	»
Tourot,	7, b. Voltaire.	»
Au Lit sans Pareil,	27 et 29, id.	»
12e *arr.* Dubrez,	283, r. du Fg St-Antoine.	»
13e *arr.* Thibaud,	35, av. d'Italie.	»
A la Ville de Paris,	38 et 40, id.	»
14e *arr.* Au Grand St-Médard,	34, r. de l'Ouest.	»
Ragaine,	4, r. Mouton-Duvernet,	»
15e *arr.* A Saint-François,	30, r. Lecourbe.	»
17e *arr.* Bégot,	19, av. des Ternes.	»
19e *arr.* A la Bonne Fermière,	259, r. de Belleville.	»
Nick,	32, r. de Flandre.	»
20e *arr.* A Saint-Jean-Baptiste,	164, r. de Belleville.	»

LIVRÉES (Spécialité de).

1er *arr.* Au Pavillon de Rohan,	2, r. de Rohan.	5 °/₀

MACHINES A COUDRE

1er *arr.* Gerfaux et Cie,	27, r. Richelieu.	20 °/₀
La Silencieuse,	30, id.	5 °/₀
2e *arr.* Sandoz,	54, r. d'Aboukir.	»
Erny, et Cie, Reimann	7, r. Papin,	10 °/₀
Cie Cie et INTERNATIONALE,	21, r. du 4 Septembre.	20 °/₀
Callebaut,	105, b. Sébastopol.	5 °/₀

3e arr.	Cie FRANCO-AMÉRICAINE,	329, r. Saint-Martin.	25 %
		314, id.	10 %
	JACOB,	72, b. Sébastopol.	20 %
	MAYER,	92, r. du Temple.	8 %
	LOUIS SAUGY,		
5e arr.	MICHEL,	68, b. Saint-Germain.	10 %
7e arr.	BACK,	37, r. du Bac.	5 %
9e arr.	BASSING,	55, r. Lafayette.	10 %

MAROQUINERIE

1er arr.	M^{on} SMAL (L. DUJAT S^r), 7 et 8, Palais-Royal.		5 %
2 arr.	AUX GALERIES DE FER, 19, b. des Italiens.		»
7e arr.	MASSART,	104, r. du Bac.	»
8e arr.	Mme NOGUÈS,	77, b. Haussmann.	»
	RAUD,	113, id.	Lux. 20 % / Ord. 10 %
	VERGELOT,	28, r. Tronchet.	5 %
12e arr.	MAIRET,	9, r. du Rendez-vous.	»
16e arr.	RAUD,	r. Rude.	Lux. 20 % / Ord. 10 %

MENUISIER (Agencement de Magasins)

10e arr.	LIARD,	128, r. Oberkampf.	6 %

MERCIERS

1er arr.	AUX GALERIES DU LOUVRE, 194, r. St-Honoré.		5 %
	AUX ARMES DE RUSSIE, 45, r. Vivienne.		»
2e arr.	A SAINTE-MARIE,	190, r. St.-Denis.	»
	MONGROLLE,	5, r. Poissonnière.	6 %
	AU PROPHÈTE,	71, r. Richelieu.	5 %
	TOURNADRE,	37, r. Molière.	»
	GIRAU,	21, r. Richelieu.	»
	AUX TROIS FRÈRES,	4 et 6, b. Saint-Denis.	»
	DESOMBRES,	13, r. Neuve-des-P.-Champs.	»

3e arr.	Au Gd Turenne,	37, b. du Temple.	5 o/o
	Aux Dames du Calvaire,	11, r. des Filles-du-Calvaire.	»
	Tasset,	49, r. Vieille-du-Temple.	»
	A la Nouvelle Héloïse,	14, r. Rambuteau.	»
	Aux enfants d'Édouard,	115, r. du Temple.	»
	Au Gd Montmorency,	102, do	»
	Chivorez,	29, r. Michel-le-Comte.	»
4e arr.	A l'Abeille,	6, r. des Deux-Portes.	»
5e arr.	Leveau,	66, r. St-André-des-Arts.	»
	Daurant,	85, r. Mouffetard.	»
	A St-Vincent-de-Paul,	63, r. Monge.	»
	Rochet,	47, r. du Cardinal-Lemoine.	»
	A la Patronne dé Paris,	25, b. St.-Michel.	»
	Deneux,	97, r. Mouffetard.	»
	Aux Montagnes Suisses,	2 et 4, r. Monge.	»
	Nouricel,	84, r. du Cherche-Midi.	»
	Bertin,	99, r. de Seine.	»
	A la Batelière,	51, r. Monsieur-le-Prince.	»
	Chollet,	29, r. du Vieux-Colombier.	»
	Au Caprice,	63, r. Monsieur-le-Prince.	»
	A la Place Gozlin,	2 et 4, pl. Gozlin.	»
7e arr.	Asselineau,	16, r. du Bac.	»
	Au bon Pasteur,	19. id.	»
	A l'Héliotrope,	81, id.	»
	Bain,	122, id.	»
	A St-Victor,	20. r. de Bellechasse.	»
	Leroy,	168, r. St-Dominique.	»
8e arr.	Léger,	12, r. Blanche.	»
	A la ville de Rouen,	3, r. Caumartin.	»
	Cousi,	260, r. du Faub. St-Honoré.	»
	A St-Vincent-de-Paul,	139, id.	»
9e arr.	Poujade,	14, r. Cadet.	»
	Rouquet,	26, id.	»
	Baffet,	42, id.	»
	Pelay,	85, r. des Martyrs	»
	Brossard,	49, r. Rochechouart.	»
	A St.-Eugène,	31, r. du Faub. Poissonnière.	»

Mᵐᵉ Vincent,	67, r. Lafayette.	5 o/o
A la Place St-Georges,	34, r. N.-D.-de-Lorette.	»
A la Belle Française,	37, r. du Faub. Montmart.	8 o/o
Au Camélia,	46, id.	5 o/o
A la Trinité,	70, r. de la Ch.-d'Antin.	7 o/o
A la ville de Londres,	12, id.	5 o/o
10ᵉ arr. Simon,	54, r. du Faub. St-Denis.	»
Cronier,	76, id.	»
Kergès,	22, r. des Petites-Ecuries.	»
Piquemilh,	16, r. de Chabrol.	»
Suin,	88, r. du château-d'Eau.	6 o/o
Royer,	98, id.	5 o/o
A la Renaissance,	91, r. du faub. St.-Martin.	»
Au Paris nouveau,	170, b. Magenta.	»
Aux dames Françaises,	84, r. du faub. du Temple.	»
11ᵉ arr. Baux,	78, r. de la Roquette.	»
A la Pensée,	77, r. Oberkampf.	»
Aux galeries Popincourt	85, r. Sedaine.	»
Aux galeries St-Ambroise	48, r. Oberkampf.	»
Georget,	20, r. de Charonne.	»
12ᵉ arr. A la ville de Rouen,	20, Av. Lacuée.	»
13ᵉ arr. Noel,	108, Av. d'Italie.	»
Caniau,	147, id.	»
Frey fils,	156, id.	»
A la ville de Paris,	38 et 40, id.	»
14ᵉ arr. Au Grand St-Médard,	34, r. de l'Ouest.	»
Au nouveau Paris,	76, r. de Vanves.	»
Chenet,	28, r. Delambre.	»
15ᵉ arr. Aux fabriques de Grenelle,	87, r. du Commerce.	»
Moïse sœurs,	108, r. Cambronne.	»
Dupont,	62, r. Blomet.	»
Baer,	74, r. des Entrepreneurs.	»
16ᵉ arr. Leclairt,	41, Grande-Rue de Passy.	»
A N.-D. de Passy,	31, id.	»

17e arr.	A St.-Eugène,	1, Av. de Clichy.	5 °/.
	A la Ville de Lyon,	112, id.	»
	Martory,	27, r. Biot.	»
18e arr.	Gravel,	28, r. Clignancourt.	»
	A l'Espérance,	17, Grande-Rue de la Chapelle,	»
	Rives,	52, id.	»
	Pichegru,	12, r. Jean-Robert.	»
	Cardon,	13, r. Poulet.	»
19e arr.	Au Bon-Marché,	114, b. de la Villette.	»
	Au Bon-Marché,	452, b. Puebla.	»
	Au Bon-Marché.	149, r. d'Allemagne.	»
	A la Bonne Fermière,	259, r. de Belleville.	»
	Billault,	19, r. Réberal.	»
	Aux Mousquetaires,	31, r. de Paris.	»
	A Tout-pour-Rien,	90, b. de la Villette.	»
20e arr.	Laurent,	38, r. de Belleville.	»
	Launay,	37, r. de Bagnolet.	»
	Réclin,	88, Chaussée-Ménilmontant.	»
	Au Tapis vert,	36, r. Ménilmontant.	»
	Lamartinie,	82, id.	»
	Jorre,	21, r. des Rigoles.	»

MEUBLES POUR SALLES A MANGER (Spécialité de)

| 12e arr. | Chambry, | 56, r. du fb. St.-Antoine. | 5 °/° |

MEUBLES ET TAPISSIERS

1er arr.	Aux deuxs Sergents,	166, r. St.-Honoré.	5 °/.
	Vasseur,	262, id.	»
	Aux Petits Agneaux,	29, b. Sébastopol.	»
2e arr.	Chaffanel,	20, r. St.-Anne.	»
	Chédebois,	46, r. de Cléry.	»
	Chedebois,	48, id.	»
2e arr.	A l'Étoile d'Or,	72, r. de Cléry.	»
	A l'Enfant Volé au Blanc,	86, id.	»
	Pinot,	88, id.	»

3e arr.	LEVÉ,	64, r. Beaubourg.	5 %
	PRODHOMME,	13, r. de Rambuteau.	»
	A St.-LOUIS,	22, id.	»
	FOUQUET,	27, id.	»
	AU COLOSSE DE RHODES,	49, id.	»
	BIOT,	108, r. Vieille-du-Temple.	10 %
4e arr.	MICHELIN,	46, r. François-Miron.	5 %
	FOUQUET et FORTIN,	30, r. de Rivoli.	»
	FOUQUET et FORTIN,	40. id.	»
	FOUQUET et FORTIN,	23, r. du Roi-de-Cécile.	»
5e arr.	MAULER.	6, r. de la Bucherie.	»
	A LA PLACE MONGE.	62, r. Monge.	»
6e arr.	DESMAZURES,	23, r. Soufflot,	»
	MERCIER,	1, r. Gribeauval,	»
	CHOCAT,	11, Montagne-Ste-Geneviève.	»
	ORSAY,	36, r. de Seine.	»
	THEISNE,	40, id.	»
	MODELIN,	74, id.	»
	VALLOT,	17, r. du Vieux-Colombier.	»
7e arr.	METRA,	22, r. du Bac.	»
	VISONNEAU,	29, r. de Sèvres.	»
	GATHÉ,	11, r. de l'Université.	»
8e arr.	FRAUDET,	99, b. Haussmann.	»
	RACHER,	51, r. d'Amsterdam.	»
9e arr.	VINCENT,	18, r. Lafayette.	6 %
	MOREAU,	81, id.	5 %
	ADAM,	26, r. Lamartine.	»
	GINOUX,	54, r. de Maubeuge.	»
	BOUIN,	16, r. des Martyrs.	»
	RIPARD,	24, r. du fb. Poissonnière.	8 %
	LEPESQUEUR,	107, id.	5 %
	GUILBERT,	8, r. Rochechouart.	»
	GRIPON,	16, id.	6 %
	AUBEUF et RODILLAT,	51, id.	5 %
	SEGUIN,	6, r. Saint Lazare.	»

18e *arr*.	RIPARD,	24, r. du fb. Poissonnière.	8 °/o
	CERF,	59, r. du Château-d'Eau.	5 °/o
	LEBRUN,	46, r. du faub. St-Denis.	»
	A L'AGNEAU SANS TACHE,	48, id.	»
	DINET,	35, r. de Paradis-Poisson.	»
	SONNET,	4, r. Saint-Quentin.	»
11e *arr*.	CORBET,	67, b. de Belleville.	»
	HATTON,	5, r. de Charonne.	»
	GOFFRIN,	33, r. du faub. St-Antoine.	»
	LANTERNIE,	82, id.	»
	SCHMIDT,	83, id.	8 °/o
	KOLB,	95, id.	5 °/o
	AU ROI DE SIAM,	86, id.	»
	LAFARGE,	105, id.	»
	BESOMBES,	105, id.	»
	LAFARGE,	77, r. Traversière.	»
	AU LIT SANS PAREIL,	27 et 29, b. Voltaire.	»
12e *arr*.	WAUTERS,	118, r. Beccaria.	»
	CHEVALLIER jeune,	44, r. du faub. St-Antoine.	»
	CHAMBRY,	56, id.	»
	LARRIBE,	115, id.	»
	FRIEDERICH,	5, r. Saint-Nicolas.	8 °/o
	SAILÉ,	20, id.	5 °/o
	HENNES,	55, r. Traversière.	»
13e *arr*.	THIBAUT,	35, route d'Italie.	»
15e *arr*.	A ST-FRANÇOIS,	30, r. Lecourbe.	»
	DE SAINT-JEAN,	132, b. de Vaugirard.	6 °/o
18e *arr*.	AU PETIT BÉNÉFICE,	34, r. de la Chapelle.	5 °/o
	KOCK,	95, id.	»
	BUSSIÈRES,	48, r. Doudeauville.	»
19e *arr*.	LEPAGE,	112, r. d'Allemagne.	»
	NIOK,	32, r. de Flandre.	»
20e *arr*.	FORVILLE,	68, r. de Belleville.	»

MODES ET LINGERIE

1er *arr*.	FLEURIOT,	39, r. N.-des-Petits-Champs,	5 °/o

	A L'Etoile du matin,	26, r. du Pont-Neuf,	5 °/₀
	Juin,	118, r. Saint-Denis.	»
	AUX GALERIES DU LOUVRE,	194, r. Saint-Honoré.	»
2ᵉ *arr.*	Durat,	52, r. Montmartre.	»
	Tournadre,	37, r. Molière.	»
	Poudra-Rion.	46, r. Nve-des-Petits-Champs.	»
	Aux Farriques Belges,	29, id.	»
	A Ste-Marie,	12 et 14, pass. du Saumon,	»
	Aux Trois Frères.	4 et 6, b. Saint-Dénis.	»
3ᵉ *arr.*	Chivorez,	28, r. Michel-le-Comte.	»
	Guipon,	345, r. St-Martin.	10 °/₀
	AU GRAND MONTMORENCY,	102, r. du Temple.	5 °/₀
4ᵉ *arr.*	A l'Abeille,	6, r. des Deux-Portes.	»
5ᵉ *arr.*	Rochet,	47, r. du Cardinal-Lemoine.	»
	Deneux,	97, r. Mouffetard.	»
	Cellard,	84, b. Saint-Germain.	»
6ᵉ *arr.*	Nouricel,	84, r. du Cherche-Midi.	»
	A la Batelière,	51, r. Monsieur-le-Prince.	»
	Au Caprice,	63, id.	»
	A la Coquette,	4, r. Racine.	»
	Chollet,	29, r. du Vieux-Colombier.	»
7ᵉ *arr.*	Asselineau,	16, r. du Bac.	»
	Au Calvaire,	17, id.	»
	Au bon Pasteur,	19, id.	»
	A l'Africaine,	80, id.	»
	A l'Héliotrope,	81, id.	»
	A Saint-Victor,	29, r. de Bellechasse.	»
9ᵉ *arr.*	Baffet,	49, r. Cadet.	»
	A la Trinité,	70, r. de la Chaus.-d'Antin.	7 °/₀
	A la belle Française,	39, r. du fg Montmartre.	8 °/₀
	Daudé,	31, r. du fg Poissonnière.	5 °/₀
	Brossard,	39, r. Rochechouart.	»
10ᵉ *arr.*	Aux trois Frères,	4 et 6, b. Saint-Denis.	»
	Picquemilh,	16, r. de Chabrol.	»
	Suin,	88, r. du Château-d'Eau.	6 °/₀
	Royer,	98, id.	5 °/₀
	Au Paris nouveau,	170, b. Magenta.	»

11e arr.	HUBERT,	60, r. Oberkampf.	5 %
12e arr.	A LA MAIN D'OR,	131, r. du fg Saint-Antoine.	»
13e arr.	DAURAND,	85, r. Mouffetard.	»
14e arr.	CHÉNET,	28, r. Delambre.	»
15e arr.	BOUSQUET,	50, r. Lecourbe.	»
16e arr.	DARTHIAILH,	44, r. de Passy.	»
	DUHAMEL,	54, id.	»
	A NOTRE-DAME DE PASSY,	51, id.	»
17e arr.	AUX TROIS SŒURS,	75, av. des Ternes.	»
18e arr.	LAURIER,	43, chaussée Clignancourt.	»
	RIVE,	52, Grande rue de la Chapelle.	»
19e arr.	SIBOUR,	20, r. d'Aubervilliers.	»
	AU GRAND ST-LAURENT,	60, r. de Flandre.	»
	ROLLOT,	19, r. de Paris.	»
	AUX MOUSQUETAIRES,	31, id.	»
20e arr.	LAUNAY,	37, r. de Bagnolet.	»
	LAMARTINE,	82, r. Ménilmontant.	»

MODES ET COIFFURES

1er arr.	BECKER (Pal.-Royal),	5 et 8, galerie d'Orléans.	10 %
	MÉLANIE PERCHERON,	30, r. Vivienne.	5 %
2e arr.	Mme DUFOURMANTELLE,	30, b. des Italiens.	10 %
	MÉLANIE PERCHERON,	24, r. de la Paix.	5 %
	CARTHELLLIER,	33, r. Montorgueil.	»
	GELOT,	13, r. de la Paix.	»
	TENNEVIN,	13 et 15, p. du Saumon.	10 %
	MATHILDE,	58, id.	5 %
	Mmes POUPRY,	109, b. Sébastopol.	6 %
6e arr.	Mlle MASSON,	38, r. de l'Université.	5 %
7e arr.	Mme BILLARD-JANAC,	8, r. du Bac.	»

9e arr.	Mme HERST,	8, r. Drouot.	12 %
	Mon TALON (Mme BRIOLAT Sr)	24, id.	10 %
	Mme BOUCHER,	46, r. Lafayette.	8 %
10e arr.	A LA PENSÉE,	77, r. Oberkampf.	5 %
11e arr.	VILLEPELLE,	65, b. Voltaire.	»

NAPHTE (pour nettoyer les Gants)

7e arr.	MASSART,	104, r. du Bac.	»

NÉCESSAIRES

1er arr.	MAISON SEAL, L. Dujat, snc.	7 et 8, Palais-Royal.	5 %
2e arr.	BROUSSE,	19, b. Sébastopol.	10 %
	AUX GALERIES DE FER,	19, b. des Italiens.	5 %
7e arr.	MASSART,	104, r. du Bac.	»

NIVEAUX EN CRISTAL (Pour Machines à Vapeur)

3e arr.	CRUCHON et LEBLON,	31, r. Grenier-St-Lazare.	5 %

NOUVEAUTÉS

St-Denis.	NEVEU,	19, r. Compoise.	5 %
1er arr.	AU MASQUE DE FER,	25 et 27 r. Coquillière.	»
	A LA VESTALE.	106, r. Montmartre.	»
	AUX ELÉGANTES.	7, r. du Pont-Neuf.	»
	BOHIN.	20, r. des Halles.	»
2e arr.	AUX FABRIQUES BELGES,	29, r. Neuve-d.-Pts.-Champs	»
	DURAT.	52, r. Montmartre.	»
	AUX 3 FRÈRES,	4 et 6, b. St-Denis.	»
3e arr.	AUX GALERIES ST-MARTIN,	308, r. St-Martin.	8 %
	A LA NOUVELLE HÉLOISE,	60, r. du Temple.	5 %
	A LA NOUVELLE HÉLOISE,	14, r. de Rambuteau.	»
	AU GRAND TURENNE,	27, b. du Temple.	»
	AUX DAMES DU CALVAIRE,	11, b. des Filles-du-Calvaire.	»
	AUX ENFANTS D'ÉDOUARD	115, r. du Temple.	»

4e *arr.*	Les frères RICHARD,	4, b. Sébastopol.	5 °/°
	A L'ABEILLE,	6, r. des Deux-Portes.	»
	AU CANAL DE SUEZ,	96, r. de Rivoli.	»
5e *arr.*	A LA BALAYEUSE,	9, r. Mouffetard.	»
	A LA PATRONNE DE PARIS,	25, b. St-Michel.	»
	AU GRAND DÉPOT DE ROUBAIX,	41, id.	»
	A LA JEUNE FRANCE,	84, b. St-Germain.	»
	AUX DEUX PIERROTS,	2, r. du Petit-Pont.	»
	AUX MONTAGNES SUISSES,	2 et 4, r. Monge.	»
	A ST-VINCENT DE PAUL,	63, id.	»
6e *arr.*	A LA PLACE GOZLIN.	40 et 42, r. de Buci.	»
	BOUIN,	56, r. de Rennes.	»
8e *arr.*	LÉGER,	12, r. Blanche.	»
9e *arr.*	A LA BELLE FRANÇAISE,	37, r. du F.-Montmartre.	8 °/°
	ROULENT,	66, id.	5 °/°
	A ST-EUGÈNE,	31, r. du F.-Poissonnière.	»
	A ST-PIERRE,	88, r. des Martyrs.	»
10e *arr.*	AU PARIS NOUVEAU,	170, b. Magenta.	»
	Aux fabriques de Tarare et de Roubaix,	11, b. de Strasbourg.	6 °/°
	AUX DAMES FRANÇAISES,	84, r. du F.-du-Temple.	5 °/°
	AU DÉPOT CENTRAL,	103, b. Magenta.	»
	A LA VILLE DE STRASBOURG,	46 et 48, b. de Strasbourg.	»
	A L'AMI DE L'OUVRIER,	230, r. du F.-St.-Denis.	»
	AU PETIT ST-DENIS,	27, id.	»
	AU SAPEUR,	266, r. du F.-St.-Martin.	»
11e *arr.*	AUX GALERIES POPINCOURT,	85, r. Sedaine.	»
12e *arr.*	A LA VILLE DE ROUEN,	20, av. Lacuée.	»
	AUX VILLES D'ALSACE,	60, r. de Charenton.	»
	MOLINA,	172, r. du F.-St.-Antoine.	»
13e *arr.*	A LA VILLE DE PARIS,	38 et 40, av. d'Italie.	»
	FREY fils	156, id.	»
13e *arr.*	AU BON GOUT,	32, r. Monge.	»
14e *arr.*	A L'AVENIR,	60, r. de Vanves.	»
	AU NOUVEAU PARIS,	76, id.	»

	Au Grand-St-Médard,	34, r. de l'Ouest.	5 %
15e arr.	Aux Fabriques de Grenelle,	87, r. du Commerce.	»
	Moïse sœurs,	108, r. Cambronne.	»
16e arr.	A la Ville d'Auteuil,	52, r. d'Auteuil.	»
17e arr.	Au Nouveau-Né,	55, Grande-Rue (Batignolles).	»
	A St-Eugène,	1, av. de Clichy.	»
	Cablat,	83, id.	»
18e arr.	Luquet,	34, r. Doudeauville.	»
	Winstock,	32, r. Myrrha.	»
19e arr.	A la Bonne Fermière,	259, r. de Belleville.	»
	Au Masque de Fer,	61, id.	»
	Au Bon Marché,	452, b. de Puébla.	»
	Au Bon Marché,	149, r. d'Allemagne.	»
	Au Bon Marché,	114, b. de la Villette.	»
	A Tout pour rien,	90, id.	»
	Au Bon Marché,	68, r. de Flandre.	»
	Au Grand St-Laurent,	60, id.	»
	Au Pont de Flandre,	134, id.	»
	Au Souvenir du Prince Eugène,	105, id.	»
	Commecy,	64, id.	»
	Aux Mousquetaires,	31, r. de Paris.	»
	Billaut,	19, r. Rébeval.	»
20e arr.	Au Tapis Vert,	36, r, Ménilmontant.	»
	Hautbout,	168, r. de Belleville.	»
	Jorre,	21, r. des Rigoles.	»
	Reclin,	88, Chaussée Ménilmontant.	»

OBTETS D'ARTS EN PSEUDO-CÉRAMIQUE

9e arr.	Margelidon et Hebert,	45, r. Lafayette.	5 %

OBJETS DE TOILETTE

2e arr.	Aux Galeries de Fer,	19, b. des Italiens.	5 %

OBJETS D'ÉTRENNES

2e arr.	Aux Galeries de Fer,	19, b. des Italiens.	5 %

OPTICIENS

1er arr.	VANTIER Ingénieur,	174, Palais-Royal.	10 °/₁
2e arr.	BELLÉMANT,	108, r. du faub. St-Honoré.	5 °/₁
3e arr.	GUIGNARD,	39, b. du Temple.	»
	VAN-MINDEN,	27, b. St-Martin.	»
10e arr.	MAYER, Ingénieur,	11, b. de Strasbourg.	»
	TRÉFANT,	107, r. Lafayette.	»
11e arr.	CONNEAU,	178, r. St-Maur.	»
17e arr.	PAGET,	49, av. des Ternes.	»
18e arr.	GADRAT,	78, r. de la Chapelle,	»

ORFÉVRERIE

1er arr.	AUX FIANCÉS,	16, r. Turbigo.	5 °/₀
	CHAUSSON,	24, galerie Véro-Dodat.	»
	WATIER BOURGEAUX (1),	231, r. St-Honoré.	10 °/₀
2e arr.	ALBINET ET COULON (2),	4, r. de Choiseul.	5 °/₀
	A LA CROIX DE MALTE,	58. r. Nve Petits-Champs.	»
	AUX GALERIES DE FER,	19, b. des Italiens.	»
	GENTIL,	73, passage Choiseul.	»
3e arr.	BURNIER (1),	251, r. St-Martin.	8 °/₀
4e arr.	Vve BERNARD MAYER,	23, r. Rambuteau.	5 °/₀
	SAMSON, FRÈRES.	19, r. du Temple.	»
7e arr.	BLONDEAU.	8, r. du Bac.	»
9e arr.	AU MANDARIN,	9 bis, r. Geoffroy-Marie.	10 °/₀
	HERVIEU (1),	47, r. Lafayette.	»
	WATIER (1),	28 et 30, pass. du Hâvre.	5 °/₀

(1) Excepté sur les couverts d'argent.
(2)   d°   d°   et plats d'argent.

10e arr. CRUCIFIX (1),	97, b. Magenta.	10 o/o
LAVALLÉE ET NICOUD,	19, b. Strasbourg.	5 o/o
id.	id. Sur couvert riche.	2 o/o
id.	id. Sur converts à filets et unis.	1/2 o/o
MAYENCE (1),	61, r. du faub. St-Martin	5 o/o
12e arr. LOZE,	229, r. du faub. St-Antoine.	»
13e arr. PORCHER,	61, route d'Italie.	»
14e arr. MAILLAT,	12, r. Mouton-Duvernet.	»
16e arr. LEROY,	49, r. de Passy.	»
17e arr. PAGET,	49, av. des Ternes.	»

OUTILS

2e arr. A LA FONTAINE GAILLON,	20, r. Gaillon.	5 o/o
DUPUIS,	6, r. Gomboust.	»
3e arr. MARTIN ET BOYÉ,	253, r. St-Martin.	»
JOURNAULT.	2, r. des Vieilles-Haudriettes,	»
MOTTEAU,	20, r. Rambuteau.	»
4e arr. LOISELIER,	167. r. St-Antoine.	»
6e arr. A St-PLACIDE,	30, r. St-Placide.	»
CHADAL,	57, r. M. le Prince.	»
7e arr. DUPUIS JEUNE.	225, r. St-Dominique.	»
8e arr. BAUDRY,	9, r. de la fer. des Mathurins.	»
9e arr. COLLARD,	81, r. de Lafayette.	»
10e arr. BEJOT,	159, r. St-Maur.	»
11e arr. DARRAS,	13, r. du faub. St-Antoine.	»
DANGÉ,	65, r. St-Mandé.	»
VIOLETTE,	2, place Voltaire.	»
12e arr. GÉNEVRAY,	122, faub. St-Antoine.	»
19e arr. CARPENTIER-ROY,	29, r. d'Allemagne.	»
20e arr. BESSON,	100, r. Ménilmontant.	»

PAPETIERS ET FOURNITURES DE BUREAU

1er arr.	FAUVEL,	3, r. du Marché-St-Honoré,	5 %
	ORLANDI et Cie,	2, rue Saint-Denis.	6 %
2e arr.	AUX GALERIES DE FER,	19, Boulev. des Italiens.	5 %
	PAPETERIE GRAMMONT,	24, rue de Grammont.	»
	PAPETERIE RICHELIEU,	48, rue de Richelieu.	»
	PILON,	53, galerie Vivienne.	»
3e arr.	HÉBERT,	114, rue du Temple.	»
	HENNEQUIN,	11, Boulev. St-Martin.	10 %
4e arr.	THIBOUST,	84, rue François-Miron.	5 %
	VINCENEUX,	41, rue du Temple.	»
5e arr.	GRAVADE,	29, Boulev. St-Michel.	»
	LABBÉ,	49, rue Descartes.	»
6e arr.	BOUGÉ,	24, boulev. St-Michel.	»
	CUROT,	22, rue St-Sulpice.	»
	GROSJEAN,	69, rue Monsieur-le-Prince.	»
	SOMMER,	13, rue Dauphine.	»
7e arr.	COSTEL,	13, rue de Grenelle.	»
	FALAIS,	78, rue du Bac.	»
	MASSART,	104, id.	»
	MESNEL,	128, id.	6 %
8e arr.	RAUD,	113, b. Haussmann.	{ Ordin., 10 0/0 — Luxe, 20 0/0 }
	VOGUÉ,	77, id.	5 %
9e arr.	LEVAILLANT,	3, rue Papillon.	»
10e arr.	BONMARTIN,	88, rue du Fg-St-Martin.	»
	GENEVRAY,	76, boulev Magenta.	»
	MAILLOT,	114, id.	»
	MÉDARD,	64, rue du Fg-Poissonnière.	»
	SOUVERAIN,	2, rue Magnan.	»

11e arr.	BONTAL,	78, rue Sedaine.	5 o/o
	CAILLEUX,	156, rue Oberkampf.	»
	Mme LEFEBVRE,	59, boulev. Voltaire.	»
12e arr.	MAIRET,	9, rue du Rendez-Vous.	»
13e arr.	JANNIN,	59, avenue d'Italie.	»
16e arr.	BAUDE,	1, rue Rude. { Ordinaire, 10 0/0 — Luxe, 20 0/0	
	MAIRE,	63, rue de Passy.	5 o/o
	NOEL,	54, id.	»
17e arr.	BELWO,	2, rue St-Georges.	»
	LECOMTE,	26, rue des Dames.	»
	PELLETIER,	55, rue do Lévis.	»
	PILLARD,	84, boulev. des Batignolles.	»
18e arr.	BOUGENAUT,	6, rue de Jessaint.	»
	LENOIR,	60, rue de la Chapelle.	»
	WALCHT,	4, rue Doudeauville.	»
19e arr.	FOURTAUX,	21, rue de Flandre.	»
	PÉTILLOT,	102, rue d'Allemagne.	»
	NOEL-CROMBEZ,	108, rue de Meaux.	»
20e arr.	LIORÉ,	44, rue Ménilmontant.	»
	RENOUX et Cie,	36, rue de Belleville.	»

PAPIERS PEINTS

9e arr.	VIEL,	67, rue Lafayette.	5 o/o
12e arr.	TEYSSIER,	1, rue de Montreuil.	»
17e arr.	PELLETIER,	55, rue de Lévis.	»
18e arr.	BOUGENANT,	6, rue de Jessaint.	»
19e arr.	FLOOD,	202, b. de la Villette.	»
20e arr.	LIORÉ,	44, rue Ménilmontant.	»
	MASSÉ,	39, rue des Amandiers.	»

PARAPLUIES, CANNES ET OMBRELLES

1er arr.	PATUREL,	110, rue de Rivoli.	5 %
2e arr.	VANDRAN,	46, passage Choiseul.	»
3e arr.	A LA NOUVELLE HÉLOISE,	14, rue de Rambuteau.	»
5e arr.	DELRIEU,	46, rue de La Harpe.	»
6e arr.	BOUCHERON,	60, rue Saint-Placide.	»
7e arr.	MARCAIRE,	41, rue du Bac.	»
8e arr.	MONS,	257, rue Saint-Honoré.	»
	PELATANE,	178, rue du Fg-St-Honoré.	»
9e arr.	AU JOCKEY-CLUB,	10, rue Auber.	10 %
	LACHAUD,	37, r. de la Chaus.-d'Antin.	»
	PHILIBERT,	60, rue Lafayette.	5 %
	THUAULT,	2, rue Baudin.	»
10e arr.	AU PARIS NOUVEAU,	170, b. Magenta.	»
	JARRIGE,	16, rue du Fg-Saint-Martin.	»
	TOUSSAINT,	158, rue du Fg-St-Denis.	7 %
11e arr.	QUENTIN,	18, b. Voltaire.	5 %
13e arr.	AU BON GOUT,	32, rue Monge.	»
14e arr.	DECULTIEUX,	16. avenue d'Orléans.	»
18e arr.	AUMARD,	140, b. de Clichy.	6 %
19e arr.	LAURENT,	38, rue de Belleville.	5 %

PARFUMERIE

1er arr.	A SAINTE-MARIE,	190, rue Saint-Denis.	5 %
	AU BAZAR DES LOMBARDS,	90, id.	»
	BOUCHENY,	9, rue du Pont-Neuf.	»
	BROUSSE,	19, b. Sébastopol.	10 %
	DÉPÔT DES SAVONS,	28, rue des Halles.	5 %

PASSEMENTERIES MILITAIRES

2ᵉ arr. DUP. TIBOLOQ, 8, r. Montpensier — II
8ᵉ arr. Mᵐᵉ AMBROIS (LACGER sᵉ), 36, b. Haussmann

PATES ALIMENTAIRES

1ᵉ arr. A LA TIGRESSE DES HALLES, 27, r. du Pont-Neuf
2ᵉ arr. FROTTIER, 4, r. Sartines
3ᵉ arr. CRESTE-ROUDIL, 62, r. Turbigo
GIRARD-HULEAU, 18, r. des Filles-du-Calvaire
4ᵉ arr. DARTOIS, 25, r. des Deux-Ponts
D'HARDIVILLE, 49, r. Saint-Paul
6ᵉ arr. THOMINET-LEMERCIER, 78, r. des Feuillantines
9ᵉ arr. LABBÉ, 45, r. des Larochefoucault
10ᵉ arr. LEGENDRE, 5, r. de la Fidélité
TURIN, 83, r. du F. Poissonnière
11ᵉ arr. BARBOT, 52, r. du Faub. du Temple
BIOUD, 21, r. Keller

PATISSIERS

2ᵉ arr. BERGERET, 122, r. d'Aboukir
3ᵉ arr. PRUVART, 43, r. de Turenne
4ᵉ arr. BOIS, 17, r. Bourtibourg
MERLIN, 82, r. de Rambuteau
5ᵉ arr. FAISANT-MAINGUET, 7, r. St-Jacques
HULOT, 16, r. Mouffetard
LEPASTRE, 28, r. Monge
7ᵉ arr. MANIÈRE, 18, avenue Duquesne

9e *arr.* FORETTE,   4, r. Richer.   5 °/
       MARION et Cie,   144, r. Lafayette.   »

10e *arr.* CHALIGNE,   321, r. St-Martin.   »

12e *arr.* SOUILLIER,   174, r. du faub. St-Antoi... »

14e *arr.* BOULLANT,   77, r. d'Enfer.
       BOUILLANT,   18, r. Mouton-Duvernet
       FOIN,   74, r. de l'Ouest. »

15e *arr.* MORAND,   79, r. Croix-Nivert. »

17e *arr.* CAMPAGNE,   64, avenue de St Ouen. »
       LAURENT,   189, r. de Vaugirard. »
       NOEL,   11, avenue de St-Ouen. »

18e *arr.* FABRIÈS,   17, r. Jean-Robert. »
       JARDIN,   70, r. Myrha. »

20e *arr.* MICHOT,   35, r. des Partants. »

PEIGNES

1er *arr.* BOUCHENY,   9, r. du Pont-Neuf. 5 °/₀
       BROUSSE,   19, b. Sébastopol. 10 °/₀

2e *arr.* AUX GALERIES DE FER, 19, b. des Italiens. 5 °/₀

3e *arr.* BICKEL,   145, r. du Temple. »
       HUREL.   31, r. Grenier St-Lazare »
       MAISSIAT,   251, r. St-Martin. 4 °/₀

4e *arr.* MARTIN-CORMIER,   104, r. St-Antoine. 5 °/₀

6e *arr.* BON,   30, r. de Buci. »

9e *arr.* BAZAR-LAFFITE,   27, r. de Provence. °/₀

10e *arr.* LEGRAND,   48, r. du f. Poissonnier °

PHARMACIENS (1)

1er arr.	AU BAZAR DES LOMBARDS,	90, r. St-Denis.	5 °/₀
	BLAYN,	7, r. du Marché St-Honoré.	
	BRISSAUD et Cie,	sur ses spécialités { 10 0/0 sur les autres médicaments. { 5 0/0 22, r. des Halles	10 °/₀
	DIÉTRICH.	8, r. Turbigo.	5 °/₀
	FOURQUET,	29, r. des Lombards.	10 °/₀
	SÉVIN,	54. r. St-Honoré.	»
	SAINT-JEAN,	46, r. J.-J.-Rousseau.	5 °/₀
2e arr.	GOURVAT,	25, r. Paul-le-Long.	10 °/₀
	JACOB,	57, r. Turbigo.	»
	MOULIN,	30, r. Louis-le-Grand.	5 °/₀
	PHARMACIE BERAL,	14, r. de la Paix.	»
	PHARMACIE DES PYRÉNÉES,	22, r. d'Antin.	»
3e arr.	BOSREDON (1),	41, r. des Francs-Bourgeois,	»
	PONCHEUX,	34, r. Grenier St-Lazare.	»
4e arr.	MAUNIER (1),	30, r. Vieille-du-Temple.	»
	MOPPERT,	51, r. du Temple.	»
5e arr.	DESCAYRAC,	23, place Maubert.	10 °/₀
	GARRAN DE BALZAN,	139, r. Mouffetard.	5 °/₀
	MOUTARDIER,	304, r. St-Jacques.	»
	PHARMACIE MONGE,	95, r. Monge.	»
	ROZIER,	38, r. d'Aubenton.	»
6e arr.	BELIN,	12, boul. St-Michel.	»
	FLOVIGNON ET Cie,	60, r. Mazarine.	»
	JAMES,	7, r. de Buci.	»
	RICHARD,	16, r. Taranne.	»
	VACQUIN,	23, r. du Four St-Germain.	»
7e arr.	FOUCHÉ,	45. r. du Bac.	»
	LEISTNER,	23 bis, Av. de Lamotte-Piquet,	»
	TIREVINOYE,	148, r. St-Dominique.	»

(1) Excepté les spécialités et les eaux minérales,
(2) id. sur les eaux minérales.
(3) 5 0/0 sur les eaux minérales.

8e arr.	CONDAMY (3),	130, boul. Haussmann.	10 °/₀
9e arr.	BERNARD,	90, r. des Martyrs.	15 °/₀
	SECRETAN, (1)	17, place Cadet.	»
	PHARMACIE DE MAUBEUGE (2),	31, r. de Maubeuge.	10 °/₀
10e arr.	BONNET,	70, r. des Marais.	5 °/₀
	DOMÉNY,	20, r. du faub. St-Martin.	10 °/₀
	CHIRON,	19, boul. Magenta.	5 °/₀
	JEANNIN,	28, r. du faub. du Temple.	»
	VULHE,	123, dº	10 °/₀
11e arr.	BILLANT (2),	112, r. du Chemin-Vert.	»
	BLANQUART, (2),	134, boul. Voltaire.	»
	COULBEAUX,	30, r. des Trois-Bornes.	5 °/₀
	GALBRUN,	65, r. d'Angoulême.	»
	FERRIER et Cⁱᵉ,	1, place du Prince-Eugène.	»
	SCHŒFFER,	3, r. Oberkampf.	»
	SAGAIRE,	96, r. St-Maur.	»
	SAISON (2),	34, boul. Voltaire,	10 °/₀
	SAMION,	176, boul. de Charonne.	»
12e arr.	BLANQUART (2),	134, boul. Voltaire.	10 °/₀
14e arr.	EYGUIÈRE,	3, r. de Vanves.	5 °/₀
15e arr.	DE RENÉMESNIL,	89, r. du Commerce.	»
	DUVAL,	112, r. Lecourbe.	»
16e arr.	MACHET,	66, r. de Passy.	»
17e arr.	HAILET,	76, boul. des Batignolles.	»
	NICOD,	7, boul. de Clichy.	»
18e arr.	BRÉARD,	96, r. Philippe-de-Girard.	»
	CARTAU,	76, r. Myrha.	»
	CHAUDRON (1),	16, r. Ramey.	15 °/₀
	COMBARIEU (1),	19, r. de la Chapelle.	»
	LEMAY,	56, av. de Clichy.	6 °/₀
	MOREL (1),	5, r. Lepic.	15 °/₀
	THÉVENOT (1),	32, r. de Jessaint.	»

19e arr.	Benoist,	92, r. de Flandre.	10 %
	Coudurier,	118, d°	5 %
	Laurent,	107, d°	»
	Dauval,	94, r. d'Allemagne.	»
	Pharmacie centrale de la Villette,	137, d°	10 %
	Gruyère,	20, r. d'Aubervilliers.	5 e/o
20e arr.	Ailhet,	31, r. des Couronnes.	»
	Bourreau-Latïl (2),	49, r. Ménilmontant.	10 %
	Jarlet,	119, r. des Amandiers.	5 %
	Ménigault,	112, boul. de Belleville,	»
	Pharmacie des Amandiers, (2)	59, r. des Amandiers	10 %

PHOTOGRAPHES

1re arr.	Mustière,	4, r. N.-des-Pts-Champs.	20 %
	Balard dit Lagriffe,	14, r. Castiglione.	15 %
	Millet,	r. Montesquieu.	10 %
2e arr.	Daillon,	59, r. Montmartre.	»
	Leauté,	10, r. Marcadet.	»
	Fixon,	33, r. Vivienne.	5 %
3e arr.	Ducollet,	41, b. St.-Martin.	10 %
6e arr.	Verneuil,	34, r. Dauphine.	5 %
10e arr.	Jally, photographie Séc	7, b. de Strasbourg.	10 %
18e arr.	Bobst,	22, r. Clignancourt.	15 %

PIANOS

2e arr.	Baudet,	20, r. Favart.	5 %
3e arr.	Lacape,	36, r. Meslay.	10 %
	Lacape,	29, b. St.-Martin.	»
	Systermans,	41, id.	»
9e arr.	Hielard,	8, r. Laffitte.	5 %
17e arr.	Dupuis,	44, Av. de Wagram.	»

PIANO-QUATOR

2º *arr.* BAUDET,   20, r. Favart.   5 o/o

PLOMBIERS (Appareilleurs à Gaz).

3ª *arr.* CRUCHON et LEBLONG,   31, r. du Grenier-St.-Lazare 5 o/o
5ᵉ *arr.* BOULARD,   48, r. des Ecoles.   »
8ᵉ *arr.* CORRÉARD,   76, r. Blanche.   »
9ᵉ *arr.* CHABRIER,   65, r. Maubeuge.   »
10º *arr.* NOCHE,   96, r. du fb. Poissonnière. 10 o/o
18ᵉ *arr.* POIRIER-DELCAMBRE,   4, r. Feutrier.   5 o/o
19ᵉ *arr.* WEISTROFFER,   44, r. de Flandre.   »
20º *arr.* FRANÇOIS.   14, r. de la Mare.   »

POMPES A BIÈRE

3ª *arr.* CRUCHON et LEBLOND,   31, r. du Grenier-St.-Lazare.5 o/o

PORCELAINES ET CRISTAUX

1ᵉʳ *arr.* **AU VERRE SANS PAREIL,**   5, r. Gomboust.   5 o/o
    AUX FABRIQUES DE LIMOGES, 147, r. St.-Honoré.   »
    MARTHON,   29, r. du Petit-Carreau.   »
2º *arr.* AUX GALERIES DE FER,   19, b. des Italiens.   »
    LEPRINCE,   17, Pass. du Saumon.   »
3º *arr.* LACROIX,   9, r. Beaubourg.   »
    PINGOUD,   249, r. St.-Martin.   7 o/o
4ᵉ *arr.* SAMSON frères,   19, r. du Temple.   5 o/o
5ᵉ *arr.* BAZAR DU PANTHÉON,   20, r. Soufflot.   »
    BOULARD,   48, r. des Ecoles.   »

6e arr.	CHOQUET,	23, r. des Missions.	5 %.
	HALBOUT,	34, r. de Sèvres.	»
8e arr.	PAUPARDIN,	38, r. d'Amsterdam.	»
9e arr.	AU BON MARCHÉ,	29, r. de Châteaudun.	10 %
	AU BON MARCHÉ,	32, r. St.-Georges.	»
	BAZAR LAFFITTE,	36, r. Lafayette.	»
	TISSIER,	54bis, r. du fb. Montmartre.	5 %
	GUYON,	21, r. de Maubenge.	»
10e arr.	KLOTZ,	32, r. de Par.-Poissonnière.	»
	GAUVAIN,	59, r. Hauteville.	»
	MANSART,	34, r. de Par.-Poissonnière.	10 %
11e arr.	A L'AVENIR,	37, b. Voltaire.	5 %
	RAILLARD,	1, id.	»
14e arr.	VALLOT,	100, r. de l'Ouest.	»
15e arr.	YCRE,	70, r. Lecourbe.	»
17e arr.	DELAY-TERMOZ,	28, r. Lévis.	»
18e arr.	GEOFFROY,	34, Ch. Clignancourt.	»
	RILLOT,	7, b. Ornano.	»
19e arr.	MARCHAL,	41, b. de la Villette.	»
20e arr.	BACHIMONT,	35, r. Ménilmontant.	»

PORTEFEUILLES

| 1er arr. | Mon SMAL (L. Dujat sr) | 7 et 8 Palais-Royal. | 5 % |

PORTE-FUTS & PORTE-BOUTEILLES

2e arr.	BARBOU fils et Ce,	35, r. Montmartre.	6 %
9e arr.	BARRE fils et Ce,	67, r. Lafayette.	5 %
11e arr.	A LA BASTILLE,	13, r. du fg. St.-Antoine.	»

POTERIE DE...

PURIFICATEUR N...

QUINCAILLERIE

10e *arr.* BEJOT.	159, r. St-Maur.	5 °/₀
11e *arr.* DANGÉ.	65, r. St-Maur.	»
DARRAS.	13, r. du faub. St-Antoine.	»
VIOLETTE.	2, place Voltaire.	»
12e *arr.* GENEVRAY.	122, r. du faub. St-Antoine.	»
15e *arr.* LARGIER.	22, r. du Commerce.	»
17e *arr.* VINET.	31. avenue des Ternes.	»
19e *arr.* CARPENTIER et ROY.	29, r. d'Allemagne.	»
20e *arr.* LEROUX.	114, r. de Belleville.	»

RESTAURANTS TRAITEURS

St-Cloud. LEGRIEL,	Parc de St-Cloud.	10 °/°
2e *arr.* CARLIER (hôtel Roche).	38, r. d'Argout.	5 °/₀
HILTARDIF.	9, r. de Tracy.	»
JACOB.	10, id.	»
KRÉMER.	38, r. d'Argout.	»
3e *arr.* GARDES.	41, r. Chapon.	»
6e *arr.* HEMARD.	50, r. Mazarine.	»
8e *arr.* RICCI.	78 *bis*, r. de Provence.	»
12e *arr.* COMPARAT.	63, quai de Bercy.	»
PAILLARD.	51, r. Crozatier.	»
13e *arr.* MAISON SERGENT.	182, avenue d'Italie.	»
18e *arr.* TRIVIER.	1, boul. Ornano.	»
TRIVIER.	2, boul. Rochechouart.	»
TRIVIER.	1, r. Bervic.	»
MATTE.	124, boul. Rochechouart.	»

ROBES ET CONFECTIONS

| 1er *arr.* AU MASQUE DE FER. | 25 et 27, r. Coquillière. | 5 °/₀ |
| A LA PLACE VENDOME. | 1, place Vendôme. | » |

	Aux Elégantes (Léger).	7, r. du Pont-Neuf.	5 °/o.
	Mᵐᵉ Blondeau.	36, r. Croix des Petits Champs.	»
	Mᵐᵉˢ Hautin.	101, r. Nᵉ des Petits-Champs	6°/o
	Mᵒⁿ Simon (Raffet et Fontanille Sᵗˢ).	181 et 183, r. St-Honoré.	10 °/o
	Mⁱˡᵉ Jeanne Balard.	14, r. Castiglione,	»
2ᵉ arr.	A la Régence.	15, b. Poissonnière.	»
	A la Scabieuse.	10, r. de la Paix.	5 °/o
	Carthellier.	33, r. Montorgueil.	»
2ᵉ arr.	Coursault,	5, r. de Chabanais.	»
	Mᵐᵉ Courtois,	7, r. de Louvois.	»
6ᵉ arr.	A l'Elégante,	13, r. Racine.	»
7ᵉ arr.	Mᵐᵉ Sivan,	52, r. de Sèvres.	»
9ᵉ arr.	Mᵐᵉ Herst,	8, r. Drouot.	12 °/o
10ᵉ arr.	Au Paris Nouveau,	170, b. Magenta.	5 °/o
11ᵉ arr.	Mᵐᵉ Alix,	17, r. Oberkampf.	»
13ᵉ arr.	Au Bon Gout,	32, r. Monge.	»
15ᵉ arr.	Dupont,	62, r. Blomet.	»
17ᵉ arr.	Aux Trois sœurs,	75, Av. des Ternes.	»
20ᵉ arr.	Mᵐᵉ Rougery,	76, r. des Amandiers.	»

ROBINETS EN TOUS GENRES

12ᵉ arr.	Vaché,	9, r. de la Roquette.	5 °/o

ROTISSEURS

3ᵉ arr.	Charpentier,	31, r. de Bretagne.	5 °/o
4ᵉ arr.	Ravoisier,	69, r. de Turenne,	»
	Rocher,	46, r. Vieille-du-Temple.	»
10ᵉ arr.	Fourcade,	55, r. du fb. St.-Martin.	»
13ᵉ arr.	Bourdais,	53, Av. d'Italie.	»

SACS DE VOYAGE, MAROQUINERIE (Spécialité)

| 1er *arr*. | Mon SMAI (L. Dujat Sr), 7 et 8, Palais-Royal. | 5 % |
| 2e *arr*. | THUILLIER, | 37, Pas. des Panoramas. | » |

SALAISONS

1er *arr*.	ENTRAYGUES,	25, r. du Pont-neuf.	5 %
	KUSS,	7, r. St.-Opportune.	»
2e *arr*.	ENTRAYGUES,	221, r. Montmartre.	»
3e *arr*.	CRESTE-ROUDIL,	62, r. Turbigo.	»
5e *arr*.	Lorcin,	105 r. Mouffetsrd,	»
	Serpette,	5, r. des Carmes.	»
15e *arr*.	GAGNANT,	3, r. Lecourbe.	»
	GALEMPOIX,	99, r. Cambronne.	
18e *arr*.	MORLET,	19, r. Durautin.	
19e *arr*.	PERRIER,	172, r. d'Allemagne.	
20e *arr*.	ROUELLE,	33, r. des Maronites.	

SELLIER

| 1er *arr*. | MAGNIEN, | 2, r. du Bouloi. | 5 c |

SERRURIER MÉCANICIEN

| 20e *arr*. | BESSON, | 100, r. de Ménilmontant. | 5 % |

SERRURERIE POUR MEUBLES

| 11e *arr*. | A LA BASTILLE, | 13, r. du fg. St.-Antoine. | 5 % |

SERVICES DE TABLE EN PORCELAINE
(Fabricants de)

| 10e *arr*. | GAUVAIN, | 59, r.Hauteville. | 5 % |

10e *arr.* Klotz,   22, r. Paradis-Poissonnière. 5 %
        Mansart,   34,   id.   10 %

SOIERIES

1er *arr.* A la Vestale,   106, r. Montmartre.   5 %

2e *arr.* A la Régence,   15, b. Poissonnière.   10 %

6e *arr.* A la place Gozlin,   2 et 4, r. Monge.   5 %

8e *arr.* Mme Monnet,   126, b. Haussmann. {Lux. 10 % / Ord. 5 %

9e *arr.* A Saint-Eugène,   31, r. du fb. Poissonnière.   »
        A la Belle Française, 37, r. du fb. Montmartre. 8 %

10e *arr.* Au Paris Nouveau,   170, boulev. Magenta.   5 %

13e *arr.* A la Ville de Paris,   38 et 40, avenue d'Italie.   »

15e *arr.* Aux Fabriques de Grenelle,   87, r. du Commerce.   »

SOIERIES POUR DEUIL (Spécialités de)

1er *arr.* A la Place Vendôme,   1, place Vendôme.   5 %

2e *arr.* A la Scabieuse,   10, r. de la Paix.   »

SPARTERIE

1er *arr.* Boucheny,   9, r. du Pont-Neuf.   5 %

STORES EN BOIS

1er *arr.* Boucheny,   9, r. du Pont-Neuf.   5 %

TABLETTERIE

1er *arr.* Maison Smal (L. Dujat succr),   7 et 8, Palais-Royal.   5 %

2e *arr.* Aux Galeries de Fer, 19, boulev. des Italiens.   »

TAILLEURS

1er arr.	BLANPAIN,	45, r. Sainte-Anne.	5 o/o
	BODSON,	45, r. de Rivoli.	7 o/o
	DAUSSY,	2, r. de Rohan.	5 o/a
	MAYER et RODIÉ,	110 et 111, Palais-Royal.	10 o/o
	SAVIGNY,	47, r. Ne-d.-Petits-Champs.	15 o/o
2e arr.	AU PRINCE EUGÈNE,	17, r. Vivienne.	10 o/o
	DURONCERAY,	57, r. Sainte-Anne.	5 o/o
	LECOMTE,	11, r. de Chabanais.	8 o/o
	LEMERCIER,	15, r. du Caire.	10 o/o
	ULMER frères,	71, r. Neuve-St-Augustin.	6 o/o
3e arr.	AU CHEVALIER DE MALTE,	332, r. St-Martin.	10 o/o
	LAUGARD,	123, r. Vieille-du-Temple.	5 o/o
	VALLET,	36, r. Debelleyme.	»
4e arr.	AU BON DIABLE,	39, r. de Rivoli.	»
	BEUREY,	14, r. de l'Hôtel-de-Ville.	»
	BRUNEAU,	56, r. François-Miron.	»
	CAHEN,	53, boulev. St-Martin.	10 o/o
	PARGOUD,	56, r. du Temple.	5 o/o
	PARIS,	9, id.	»
	JAULI,	23, r. des Francs-Bourgeois.	7 o/o
6e arr.	A LA VILLE DE SEDAN,	37, boulev. St-Michel.	5 o/o
	BARRET,	38, r. des Ecoles.	»
	CAHEN,	36, boulev. St-Germain.	»
	CASTAGNÉ,	26, r. de la Huchette.	8 o/o
	LABICHE,	75, r. Mouffetard.	5 o/o
	RENAULT,	90, r. de l'Ecole-de-Médecine.	»
6e arr.	A L'ISTHME DE SUEZ,	58, r. Bonaparte.	4 o/o
	A ST-VINCENT-DE-PAUL,	51, id.	5 o/o
	A MAZARIN,	2, r. de l'Ancienne-Comédie.	»
	BEUCHER,	121, r. du Cherche-Midi.	»
	CLARAC,	3, r. de Vaugirard.	»
	COCHARD,	63, r. Saint-André-des-Arts.	»
	FRANCK,	11, r. Dupin.	»
	HERBERT,	14, r. de l'Ecole-de-Médecine.	»
	JEANNON,	39, r. Sainte-Placide.	»
	KASTLI,	21, r. Taranne.	»

6º *arr*.	Montoux.	6, r. Taranne.	5 º/₀
	Lelandais.	36, r. de Buci.	»
	Ozenne,	16, r. Gozlin.	»
	Taly.	1, r. Antoine Dubois.	»
	Kaufmann.	102, r. du Cherche-Midi.	»
	Pagniez,	6, r. Amelie.	»
	Picquenard.	73, r. Sèvres.	»
8e *arr*.	Bekaert.	6, r. de l'Isly.	»
	Bonnardot.	49, b. Haussmann.	»
	Tamm.	19, id.	6 º/₀
	Giraut et Rozé.	122, id.	5 º/₀
	Brousset.	31, r. Godot de Mauroy.	»
	Freuil.	170, r. du faub. St.Honoré.	»
	Massy.	191, id.	»
	Monsalut.	39, r. de Londres.	»
	Rubert.	41, b. Malesherbes.	»
9 *arr*.	Au Petit Marin.	13. r. Cadet.	»
	Braustein.	13, r. Montholon	10 º/₀
	Courat.	14, r. du Helder.	8 º/₀
	Stern et Krug.	15, id.	10 º/₀
	Gilbert.	29, r. de Chateaudun.	6 º/₀
	Géray.	11, r. de Lamartine.	5 º/₀
	Melun.	11, r. Geoffroy Marie.	5 º/₀
	Morand.	38, r. de Clichy.	»
	Nouard.	16, r. Baudin.	»
	Reiss frères.	31, place Cadet.	15 º/₀
	Rose Cyprien.	10, b. Poissonnière.	6 º/₀
	Ricart.	26, r. de Bruxelles.	5 º/₀
	Roulent.	66, r. du f. Montmartre.	»
	Tournadour.	79, r. de Lafayette.	»
	Van Acker frères.	49, r. de Châteaudun.	8 º/₀
	Violin.	59, r. St-Lazare.	5 º/₀
10º *arr*.	Amiel.	24, b. de Strasbourg.	10 º/₀
	Angeli.	4, b. St-Martin.	5 º/₀
	Daday.	41, b. de la Villette.	»
	Dumons.	42, r. de l'Échiquier.	»
	Muller.	52, r. d'Enghien.	»
	Naura.	256, r. du faub. St-Martin	»

11e arr.	A L'UNION DES OUVRIERS	39, r. Popincourt.	»
	CHRISTIAENS.	28, r. des Trois-Bornes.	»
	JOUBERT.	7, r. Sedaine.	»
	JOHNEN.	115, b. Voltaire.	7 %
	ROCHE.	257, id.	5 %
	GOETZ.	146, r. Oberkampf.	»
	LÉONIDAS.	6, r. d'Angoulême.	»
12e arr.	A L'ILLUSTRE JEAN-BART.	97, r. du faub. St-Antoine.	»
	MAURICE MÉJANEL.	30, Cours de Vincennes.	»
13e arr.	AU GAGNE PETIT,	66, Av. d'Italie.	6 %
	HALLAERTS,	74, id.	5 %
14e arr.	AU BON FERMIER,	43, r. Delambre.	5 %
	DURAND fils,	39, b. Montparnasse.	»
	GAUDRON,	52, r. de l'Ouest.	»
	KOCH,	15, r. Mouton-Duvernet.	»
	MARTIN,	27, r. de l'Ouest.	»
15e arr.	GLEIZES,	303, r. de Vaugirard.	»
16e arr.	BERNARD,	100, r. Lafontaine.	»
	ROBERT,	83, r. de Passy.	»
17e arr.	HUCHET,	72, r. de Lacondamine	»
	JARLA,	8, r. Nollet.	»
	POLUBINSKY,	3, id.	»
	LAMBLA fils,	72, r. Legendre.	»
18e arr.	BARATIER,	74, r. Marcadet.	»
	LECLAINCHE,	12, r. Jean-Robert.	»
	MEYCELLE,	73, Grande-Rue de la Chapelle,	»
	MOCH,	34, r. Poulet.	10 %
	WEINSTOCK,	32, r. Myrha.	5 %
19e arr.	A LA VILLE DE STRASBOURG,	135, r. d'Allemagne.	»
	DUFOUR,	7, id.	»
	AU PONT DE FLANDRE,	134, r. de Flandre.	»
	AU SOUV. DU PRINCE EUGÈNE	105, id.	»
	DENIORT,	167, r. de Belleville.	»
20e arr.	RICART,	89, r. de Belleville.	»

TAPIS ET TENTURES

1er *arr*.	BARGEON,	95, r. N.-des-Petits-Champs.	5 %
	VASSEUR,	262, r. St.-Honoré.	»
2e *arr*.	AUX TROIS FRÈRES,	4 et 6, b. St.-Denis.	»
5e *arr*.	A LA PLACE MONGE,	62, r. Monge.	»
	A LA PATRONNE DE PARIS,	25, b. St.-Michel.	»
6e *arr*.	MÉTRA,	22, r. du Bac.	»
	MODELIN,	74. r. de Seine.	»
	QUINIER,	31, r. du Vieux-Colombier.	»
	VALLOT,	17, id.	»
9e *arr*.	VINCENT,	18, r. Lafayette.	6 %
10e *arr*.	AU PARIS NOUVEAU,	170, b. Magenta.	5 %
	RIPARD.	24, r. du fb. Poissonnière.	8 %
11e *arr*.	AU LIT SANS PAREIL,	27 et 29. b. Voltaire.	5 %
	CORBET,	67, b. de Belleville.	»
13e *arr*.	A LA VILLE DE PARIS,	38 et 40, Av. d'Italie.	»
15e *arr*.	A St-FRANÇOIS,	30, r. Lecourbe.	»
20e *arr*.	A St-JEAN-BAPTISTE,	138, r. de Belleville.	»
	AU TAPIS VERT,	36, r. Ménilmontant.	»

TAPISSERIES

2e *arr*.	AU PROPHÈTE,	71, r. de Richelieu.	5 %
4e *arr*.	Mme LOUISE,	4, Marché St-Jean.	»
6e *arr*.	BERTIN,	99, r. de Seine.	»
8e *arr*.	AUX ARMOIRIES,	7, r. de Londres.	»

TEINTURIERS

1er *arr*.	MESSIN,	8, r. du Roule,	5 %

2e arr.	BELOUINEAU,	26, r. Poissonnière.	5 %
	LIARD,	47, r. Tiquetonne.	»
4e arr.	COCUSSE,	28, r. St-Gilles.	»
	LASCAUX,	27, r. des Tournelles.	»
9e arr.	BELOUINEAU,	46, r. Lafayette.	»
	LALONDE,	21, r. N.-D.-de.Lorette.	»
	TURPIN,	19, r. de Châteaudum.	»

TOILES ET BLANC DE COTON

1er arr.	AU MARCHÉ ST-HONORÉ,	226, r. St-Honoré.	5 %
	A L'ETOILE DU MATIN,	26, r. du Pont-Neuf.	»
	AU MASQUE DE FER,	25 et 27, r. Coquillière.	»
	JULES SAMSON,	75, r. de Rivoli.	»
2e arr.	A LA FLAMANDE (Détolle),	383, r. St-Denis.	»
	A LA VILLE DE MULHOUSE,	66, r. Montmartre.	»
	A LA VILLE DE MULHOUSE,	13, r. Mandar.	»
	AUX FABRIQUES BELGES,	29 r. Nve des Petits-Champs	»
	POUDRA-RIOU,	46, id.	»
	CARTHELLIER,	33, r. Montorgueil.	»
	DURAT,	52. r. Montmartre.	»
	A LA FLAMANDE,	383, r. St-Denis.	»
3e arr.	A LA NOUVELLE HÉLOÏSE,	14, r. de Rambuteau.	»
	AU GRAND TURENNE,	27, b. du Temple.	»
	AUX ENFANTS D'EDOUARD.	115, r. du Temple.	»
	POUPRY, SPÉCIALITÉ,	109, b. de Sébastopol.	»
4e arr.	A LA MÉNAGÈRE,	2, r. du Temple.	»
	A STE-ELISABETH,	2. r, de Rivoli.	»
5e arr.	A LA BALAYEUSE,	9, r. Mouffetard.	»
	A LA PATRONE DE PARIS,	25, b. St-Michel.	»
	AU CARREFOUR MONGE,	60, boul. St-Germain.	»
	AUX DEUX PIERROTS,	2, r. du Petit-Pont.	»
	A ST-VINCENT-DE-PAUL,	63, r. Monge.	»
	AUX MONTAGNES SUISSES,	2 et 4, r. Monge.	»
6e arr.	A LA PLACE GOZLIN,	40 et 42 r. de Buci.	»
	A St-GERMAIN-DES-PRÉS,	49. r. Bonaparte.	4 %

9.

8e arr.	Mme MONNET,	126, boul. Haussmann.	5 %
9e arr.	A LA REINE TOPAZE,	48, r. Lafayette.	»
	AU CARREFOUR LAYAETTE,	94, id.	6 %
	AU MONT-JURA,	42. id.	5 %
	LOCQUEVILLE,	6, r, Lamartine	»
	JENVRIN FRÈRES,	13, r. du faub. Montmartre.	»
10e arr.	A L'AMI DE L'OUVRIER,	230 r. du faub. St-Denis.	5 %
	A LA VILLE DE STRASBOURG,	46 et 48, b. de Strasbourg.	»
	AU PARIS NOUVEAU,	170, boul. Magenta.	»
	AUX DAMES FRANÇAISES,	84, r. du f. du Temple.	»
	AU CARREFOUR LAFAYETTE,	94, r. Lafayette.	6 %
11e arr.	AUX GALERIES St-AMBROISE,	48, r. Oberkampf.	5 %
13e arr.	A LA VILLE DE PARIS,	38 et 40, avenue d'Italie.	»
	FREY.	156, id.	»
14e arr.	A L'AVENIR,	60, r. de Vanves.	»
	AU NOUVEAU PARIS,	76, id.	»
	AU GRAND St-MÉDARD,	35, r. de l'Ouest.	»
15e arr.	AUX FABRIQUES DE GRENELLE,	87, r. du Commerce.	»
	BOUSQUET,	50, r. Lecourbe.	»
16e arr.	A LA VILLE D'AUTEUIL.	52, r. d'Auteuil	»
17e arr.	AU NOUVEAU-NÉ,	55, Gde, r. des Botignolles.	»
18e arr.	A L'ESPÉRANCE,	17, Gde, r. de la Chaqelle.	»
19e arr.	AU BON MARCHE,	149, r. d'Allemagne.	»
	AUX MOUSQUETAIRES,	31, r. de Paris.	»
	AU GRAND St-LAURENT.	60, r. de Flandre.	»
20e arr.	AU TAPIS VERT,	36, chaussée Ménilmontant.	»
	RÉOLIN,	88, id.	»

TROUSSES DE VOYAGE

1er arr.	MAISON SHAL (L. Bujat Sr).	7 et 8, Palais-Royal.	»
2e arr.	THUILLIER,	37, pass. des Panoramas.	»

— 153 —

UNIFORMES (Spécialité d')

2 *arr*. Au Pavillon de Rohan,   2, r. de Rohan.   5 %

VANNERIE

9e *arr*. Bazar Lafitte,   27, r. Laffitu.   5 %
         Brosserie Modèle,   1, r. Lafayette.   »

VÊTEMENTS DE CHASSE

1er *arr*. Furterer et Buffet,   42, r. Richelieu.   5 %

2e *arr*. Bonnardot,   49, b. Haussmann.   »

13e *arr*. Au Bon Marché,   74, avenue d'Italie.   »

VINS EN DÉTAIL

1er *arr*. Cottin,   28, r. Rambuteau.   5 %
           Dumons,   39, r. de Richelieu.   »
           Dumons   39, r. du Hazard.   »
           Lacaille,   30, r. Tiquetonne.   »
           Paquotte,   163, r. de Montmartre. »

2e *arr*. Bordot,   34, r. du Caire.   »
          Delevingne,   54, r. du faub. St-Honoré. »
          Legentile,   31, r. du Petit-Carreau. »
          Valerand,   17, r. Croix-des-Petits-Champs. »

3o *arr*. Bossière,   247, r. St-Martin.   »
          Creste-Roudil.   62, r. Turbigo.   »
          Girard-Huleau,   16, r. des Filles-du-Calvaire. »
          Hiault,   13, b. du Temple.   »
          Ménard,   29, r. Vieille-du-Temple. »
          Morel,   54, r. de Bretagne.   »
          Pequatte,   8, r. Pont-aux-Choux.   »
          Tiercelin,   80, r. de Turenne.   »
          Vassort,   39, r. Debelleyme.   »

4e *arr*. D'Hardivillé,   49, r. St-Paul.   »
          Leroux,   61, r. de la Verrerie. »

	Messeland,	18, r. des Deux-Ponts.	5 o/e
	Moricot,	36, r. St-Louis en l'Ile.	»
	Salles,	7, r. Jarente.	»
	Vallée,	107, b. Beaumarchais.	»
5e arr.	Berry,	1, b. St.-Michel.	»
	Cave des Familles,	10, r. Monge.	»
	Gevraux,	63, r. Mouffetard.	»
	Glayal,	91, r. des Feuillantines.	»
	Laurent-Cholat,	73, r. Mouffetard.	»
	Lorcin,	105, id.	»
	Merlanchon,	157. b. St-Jacques.	»
	Tressy,	342, r. St-Jacques.	»
6e arr.	Féry,	51, r. du Cherche-Midi.	»
	Gravelais,	57, r. de Varenne.	»
	Teillet,	8, r. de l'Odéon.	»
	Vallot,	13, r. Monsieur-le-Prince.	»
	Virol,	44, r. d'Assas.	»
7e arr.	Au St-Esprit,	114, r. de Sèvres.	»
	Gravel,	48, id.	»
	Bablet,	100, r. St-Dominique.	»
	Bombardier,	80, r. du Bac.	»
	Bouvresse,	43, r. Cler.	»
	Gaudin,	41, id.	»
	Faget,	24, r. Jean-Nicot.	»
	Gallerant,	2, r. Perdonnet.	»
	Jacquin,	11, r. d'Estrées.	»
	Marguet,	22, pass. Saint-Dominique.	»
8e arr.	Barrand,	35 bis, r. d'Amsterdam.	»
	Béquignon,	13, r. Tronchet.	»
	Canivet,	35, id.	»
	Chéret frères et Cie,	73, boulev. Haussmann.	»»
	Chéret,	73. id. au-dessus de 2 fr. la bouteille.	10 o/o
	Delevingne,	54, r. du Fg-Saint-Honoré.	5 o/o
	Siméon,	139, id.	»
	Deully,	9, r. Fontaine-St-Georges.	»
	Cruyl,	35, id.	»
	Douilly,	22, r. Royale-Saint-Honoré.	»
	Labbé,	45, r. de Larochefoucauld.	»
	Lafontaine,	13, r. Clauzel.	»

8e *arr.*	MARTINET,	32, r. Fontaine-St-Georges.	5 o/o
	PAILMEY,	28, r. Godot-de-Mauroy.	»
	ROBILLARD,	40, r. d'Amsterdam.	»
	TALPIN,	29, r. de Turin.	»
9e *arr.*	ANSSIAU,	99, r. Montholon.	»
	BENEIX,	42, r. des Martyrs.	»
	Caves Girondines et Provençales,	23, r. de Maubeuge.	»
	CAVES PARISIENNES,	4, r. Richer.	4 o/o
	DESSIGAUX,	26, r. Baudin.	5 o/o
	GUYON,	21, r. de Maubeuge.	»
	HÉBERT,	93, r. Lafayette.	»
	CHAMPION,	70, id.	»
	LECLÈRE,	22, r. de Laval.	»
	LEGENDRE,	9, r. de la Ferme-des-Mathurins,	»
	LÉVAILLANT,	74, r. de Clichy.	»
	LEVAILLANT,	40, r. de Boulogne.	»
	MOREAU,	14, r. Chauchat.	»
	MOUTON,	15, r. Lamartine.	»
	MALAQUIN,	20, r. Saint-Lazare.	»
	PORCHER,	11, r. de Douai.	»
	ROBICHE,	20, r. des Martyrs.	»
	SEGAUD,	3, r. Condorcet.	»
	TOURNE,	5, r. de Provence.	»
	TURIN,	63, r. du Fg-Poissonnière.	»
	VARNOUX,	13, r. Rochechouart.	»
10o *arr.*	BARRIÉTY,	124, boulev. Magenta.	»
	BLANC,	6, pass. Neveu.	»
	BULAND,	23, r. du Fg-St-Martin.	»
	BUNON,	48, id.	»
	JEANNOT,	66, id.	»
	LEGUIDECOQ,	17, r. Martel.	»
	MAINGON,	71, r. du Château-d'Eau.	»
	LACROIX,	41, r. des Ecluses-St-Martin.	»
	PETIT,	14, r. Bichat.	»
11o *arr.*	BIOUD,	21, r. Keller	»
	BOUGENANT,	153, r. Oberkampf.	»
	CACHET,	77, id.	»
	COINTAT,	105, r. du Fg-St-Antoine.	»
	COQUOIN,	151, r. Amelot.	»

	MOUTON,	131, r. Amelot.	5 %
	IZARD,	9, r. de Malte.	»
	CRÉANGE,	57, id.	»
	CHRÉTIEN-KUNTZ,	83, r. Sedaine.	»
	PIGALLE,	13, r. de Biragues.	»
	TREILLON,	73, r. des Couronnes.	»
12e arr.	DELACOUR,	273, r. de Charenton.	»
	GOUDEMETZ,	99, id.	»
	HOUILLIER,	168, r. de Charenton.	»
	LEGRAND.	56, id.	»
	LEFÈBVRE,	36, b. Mazas.	»
	PIGNOL,	115, r. de Bercy.	»
	ROBICHE,	43, Port de Bercy.	»
	VERRIER,	90, b. Mazas.	»
13e arr.	DELAGE,	12, r. Veudrezanne.	»
	ROUCHES,	16, id.	»
	DEULLY,	38, r. Cardinal-Lemoine.	»
	MAUBLANC,	44, r. Galande.	»
	PICAUD,	36, r. Nationale.	»
	RICHONME,	39, r. du fer à Moulin.	»
14e arr.	BENOIST,	111, b. Montparnasse.	»
	BOULOT,	66, r. de la Tombe-Issoire.	»
	BOUTROY,	3, id.	»
14e arr.	COLLIN,	10, r. Delambre.	»
	COUSTURIER,	19, r. Brézin.	»
	DROUET,	14, Ch. du Maine	»
	LASSUS,	27, r. Mouton-Duvernet.	»
	GUET,	26, r. Cels.	»
	NOLIN,	78, r. Daguerre.	»
	RIVIÈRE,	93, r. de l'Ouest.	»
	THOMAS,	129, r. de Vangirard.	»
	VALLOT,	100, r. de l'Ouest.	»
15e arr.	DEZERT,	296, r. de Vangirard.	»
	FOUCON,	371, id.	»
	GABERT,	254, id.	»
	GALEMPOIX,	99, r. de Cambronne.	»
	LAVIGNE,	115, r. de l'Abbé-Groult.	»
	SEIGNIER,	91, r. Lecourbe.	»
	VOLOT.	84, r. du Commerce.	»

16e *arr.*	Giey.	20, r. du Marché.	5 °/₀
	Souvre,	91, r. de Passy.	»
17e *arr.*	Gaillaut,	73, Av. des Ternes.	»
	Lefebvre,	93, id.	»
	Corlet,	78, Av. de Clichy.	»
	Sipe.	93, id.	»
	Dupuis,	25, r. des Dames.	»
	Masson,	45, id.	»
18 *arr.*	Boucher,	39, r. Poulet.	»
	Brochart,	19, r. Polonceau.	»
	Burel,	48, r. s Abbesses.	»
	Challemeigne,	1, r. Caplat.	»
	Fabron,	5, r. Nicollet.	»
	Ferrière,	65, r. de la Chapelle.	»
	Langlois,	11, r. Marcadet.	»
18e *arr.*	Langlois,	18, r. Jean-Robert.	»
	Lebeaupin,	48, r. de la Goutte-d'Or.	»
	Lovion,	33, b Ornano.	»
	Morlet,	19, r. Durantin.	»
	Pichegru,	12, r. Jean-Robert.	»
	Ropers,	25, r. Polonceau.	»
	Thiébaut,	57, r. Myrrha.	»
	Vaurabourg,	64, r. Clignancourt.	»
19e *arr.*	Broussé,	93, r. de Meaux.	»
	Dubanet,	551, r. de Puebla.	»
	Geoffroy,	14, r. Rebeval.	»
20e *arr.*	Baudier,	259, r. de Paris.	»
	Dauvissart,	98, r des Amandiers.	»
	Picard,	50, id.	»
	Dauvissart,	62, r. Panoyaux.	»
	Delamare,	17, r. Ramponneau.	5 °/₀
	Dubois,	8, r. Ménilmontant.	
	Eyssartel,	2, r. des Cendriers.	»
	Gard,	228, r. do Paris.	»
	Ignard,	10, r. do Tlemcen,	»
	Lambert,	1, id.	»
	Millochau,	19, r. des Rigolles,	»

VINS DE CHAMPAGNE (Grands) et grande Fine-Champagne.

8e *arr*.	DE GILLY,	38, b. Hausmann.	10 o/c
9e *arr*.	DE GILLY,	15, r. de la Chaussée-d'Antin, »	

VINS EN CERCLES

1er *arr*.	CHAPELAIN,	344, r. St-Honoré.	5 o/o
	LACAILLE,	30, r. Tiquetonne,	»
	PAQUOTTE,	163, r. Montmartre,	»
2e *arr*.	BORDOT,	34, r. du Caire,	»
	BOSSIÈRE,	257, r. St-Martin,	7 o/o
	DELEVINGNE,	54, r. du faub. St-Honoré.	5 o/o
	LACAPE,	29, boul. St-Martin.	10 o/o
	LEGENTILE,	31, r. du petit Carreau.	5 o/o
	TIERCELIN,	80, r. de Turenne,	»
3e *arr*.	BORDOT,	34, r. du Caire.	»
	BOSSIÈRE.	257, r. St-Martin.	7 o/o
	LACAPE,	29, boul. St-Martin.	10 o/o
	TIERCELIN,	80, r. de Turenne	5 o/o
4e *arr*.	ELLIOT,	49, r. des Blancs-Manteaux,	»
	SALLES,	7, r. Jarente.	»
	BERRY,	1, boul. St-Michel.	»
	CAVE DES FAMILLES,	10, r. Monge.	»
	GEVRAUX,	63, r. Mouffetard.	»
	GLAYAL,	91, r. des Feuillantines.	»
	MATHIEU,	46, r. des Fossés-St-Bernard.	»
	MERLANCHON,	157, r. St-Jacques.	»
6e *arr*.	AGENCE CENTRALE DES VIGNOBLES,	22, port de Bercy,	»
	AGENCE CENTRALE DES VIGNOBLES,	51, r. du Cherche-Midi.	v
	GUILLEMAIN,	29, r. de Seine.	»
	TEILLET,	8, r. de l'Odéon.	»
	VALLOT,	13, r. Monsieur-le-Prince.	»
	SEGUIN,	12, r. du Regard.	»

7e arr.	BOMBARDIER,	80, r. du Bac.	5 o/o
	JACQUIN,	11, r. d'Estrée.	»
	MARQUET,	22, passage St-Dominique.	»
	AU SAINT-ESPRIT,	114, r. de Sèvres.	»
	CHÉRET FRÈRES et Cie.,	73, boul. Hausmann.	»
	DELEVINGNE,	54, r. du faub. St-Honoré.	»
	RICCI,	78 bis, r. de Provence.	»
9e arr.	AUX CAVES GIRONDINES,	23, r. Maubeuge.	»
	AUX CAVES PARISIENNES,	4, r. Richer.	4 o/o
	BENEIX,	42, r. des Martyres.	5 o
	LEMARIÉ,	3, r. Joubert.	»
	MARCHAND,	22, r. Caumartin.	»
	VARNOUX,	13, r. Rochechouart.	»
10e arr.	BLANC,	6, passage Neveu.	»
	BULAND,	23, r. du faub. St-Martin.	»
	BUNOU,	48, id.	»
	HURAND,	73, r. du faub. Poissonnière	»
	VALENTIN,	18, id.	»
11e arr.	CAGHET,	15, r. de Charonne.	»
	HUDELOT,	10, r. St-Nicolas.	»
	IZARD,	9, r. de Malte.	»
	PIGALLE,	13, r. de Biragues.	»
12e arr.	BESSIÈRE neveu,	99, r. de Bercy.	»
	JEAN PIGNOL,	115, id.	»
	BESSIÈRE neveu,	31 bis, r. de Bourgogne	»
	BERTHILLET,	216, r. de Charenton.	»
	PIAT,	257, id.	»
	GOUDEMETZ,	99, id.	»
	BOUFFOND ET BÉRAUD,	45, r. de Mâcon.	»
	COMPARAT,	63, quai de Bercy.	»
	SAVIGNON ET GOUPILLE,	51, id.	»
	LEBRETON,	5, id.	»
	FÉRY,	22, port de Bercy.	»
	LEGRAND,	56, r. de Charenton.	»
12e arr.	LE MARIÉ,	23, Grande butte de la Loire.	»
	RÉMY,	9, r. Crozatier.	»
	TEUROT,	23, r. Nicolaï.	»
	VEZIEN-DULERMEZ Cie,	66, r. de Bordeaux.	»

13e arr.	BÉGAT ET SÉDILLEAU,	2, r. de Narbonne.
	BÉGAT ET SEDILLEAU,	58, quai d'Ivry.
	ROUCHES,	16, r. Vandrezane.
	SERGENT,	182, Av. d'Italie.
14e arr.	THOMAS,	129, r. de Vaugirard.
15e arr.	GABERT,	254, r. de Vaugirard.
	SEIGNIER,	91, r. Lecourbe.
16e arr.	PASQUIER,	65, r. de Passy.
	GIÉY,	20, r. du Marché.
	PASQUIER,	89, r. de la Pompe.
17e arr.	MONSALLIER,	21, r. des Moines.
18e arr.	COLLARD jeune,	2, r. de la Goutte-d'Or.
	DERONDEL,	22, Place de la Chapelle
	NOVION,	33, b. Ornano.
	ROPERS,	25, r. Polonceau.
	THIÉBAULT,	57 r. Myrha.
19e arr.	HUMBERT,	27, Av. Laumière.
	LANGLOIS,	39, r. de Belleville.
20e arr.	GARD,	228, r. de Paris Belleville.
	PICHEGRU,	12, r. Jean-Robert.

VOLAILLES ET GIBIER

2e arr.	ENTRAYGUES,	10, r. Nve-des-Capucines.
	PAQUOTTE,	163, r. Montmartre.
3e arr.	CHARPENTIER,	31, r. de Bretagne.
4e arr.	RAVOISIER,	69, r. de Turenne.
	ROCHER,	46, r. Vieille-du-Temple.
8e arr.	THUILLARD,	20, r. du Cirque.
9e arr.	CHAMPION,	70, r. Lafayette.
12e arr.	PAILLARD,	51, r. Crozatier.
13e arr.	BOURDAIS,	53, Av. d'Italie.

TABLE DES MATIÈRES

Boulogne-s-Seine. — Imp. E. Clément. — Adm. à Paris, rue Montmartre, 131.

ADMINISTRATION DU GUIDE DU CONSOMMATEUR

PARIS, 55, RUE DE MAUBEUGE

Conformément à votre adhésion, veuillez recevoir
ce Bulletin pour

Le Directeur :

Joubert

Nota : Ce Bulletin est reçu par les Négociants dont la
liste se trouve à l'Administration et chez les Libraires

ADMINISTRATION DU GUIDE DU CONSOMMATEUR

PARIS, 58, RUE DE MAUBEUGE

Conformément à votre adhésion, veuillez recevoir ce Bulletin pour

Le Directeur :

Nota : Ce Bulletin est reçu par les Négociants dont la liste se trouve à l'Administration et chez les Libraires

[illegible]

[illegible]

[illegible]

[illegible]

[illegible]

[illegible]

[illegible]

ADMINISTRATION DU GUIDE DU CONSOMMATEUR

PARIS, 55, RUE DE MAUBEUGE

Conformément à votre adhésion, veuillez recevoir ce Bulletin pour

Le Directeur

Nota : Ce Bulletin est reçu par les Négociants dont la liste se trouve à l'Administration et chez les Libraires

ADMINISTRATION DU GUIDE DU CONSOMMATEUR

PARIS, 56, RUE DE MAUBEUGE

Conformément à votre adhésion, veuillez recevoir
ce Bulletin pour

Le Directeur :

Joubert

Nota : Ce Bulletin est reçu par les Négociants dont la
liste se trouve à l'Administration et chez les Libraires

Imp. Ruinett Rue, 62. R. Amelot. Paris.

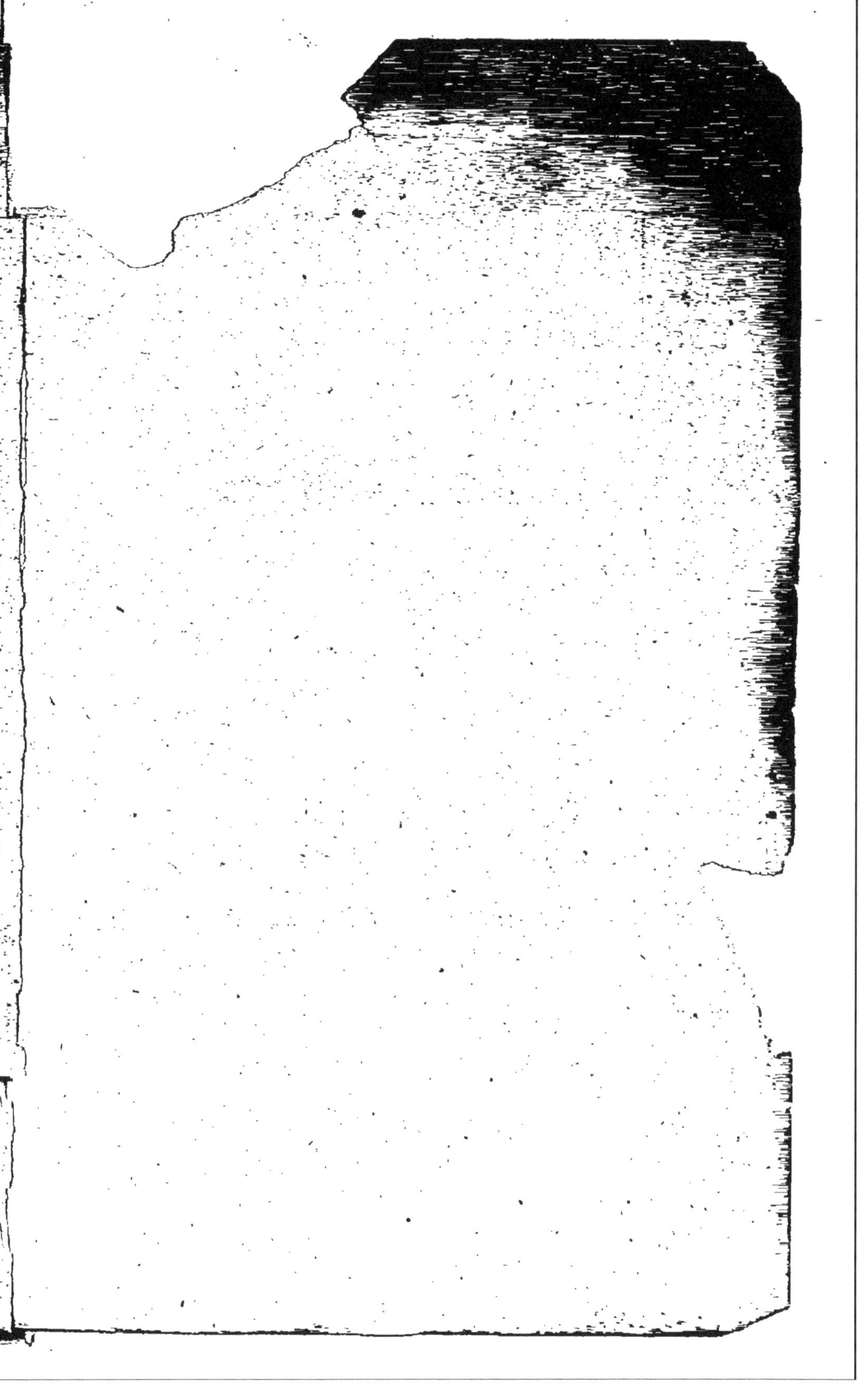